El matadero
———
La cautiva

Letras Hispánicas

Esteban Echeverría

El matadero
La cautiva

Edición de Leonor Fleming

QUINTA EDICIÓN

CATEDRA

LETRAS HISPANICAS

Ilustración de cubierta: Ignacio Colombres

© Ediciones Cátedra, S. A., 1997
Juan Ignacio Luca de Tena, 15. 28027 Madrid
Depósito legal: M. 31.665-1997
ISBN: 84-376-0617-9
Printed in Spain
Impreso en Lavel, S. A.
Pol. Ind. Los Llanos, C/ Gran Canaria, 12
Humanes de Madrid (Madrid)

Índice

Introducción

Esteban Echeverría (detalle del óleo de Charton).

LA GUITARRA DE ECHEVERRÍA

Cuando en la primavera porteña de 1825 Esteban Echeverría se embarcó para Francia, en el escaso equipaje personal, compuesto por unos pocos libros y un mapa de Argentina, llevaba su guitarra. Es casual que el joven dependiente de aduanas, dispuesto a retomar sus estudios en París, cargue con un manual de aritmética y álgebra de Avelino Díaz, y con *La retórica* de Blair, de moda en el momento; es lógico que lleve sus libros de francés (una gramática y un diccionario); y es comprensible que incluya, a manera de muestra para significar su país en el extranjero, *La lira argentina,* compendio de la poesía neoclásica vigente, y un mapa de su país, como quien pretende llevar en el bolsillo una apretada, aunque ingenua, síntesis de su tierra. Pero no es casual (aunque sí comprensible y lógico) que en el momento de realizar un viaje iniciático, que tanta importancia habría de tener para su desarrollo posterior, lleve consigo su guitarra como símbolo de pertenencia, de arraigo, y, en un plano más general, de identidad nacional.

Es fácil asignar a un símbolo determinados contenidos a partir de los hechos representados, pero surge demasiado evidente la idea de que a Echeverría y a la generación del 37 les iba a tocar la tarea de pensar un país y de sentar las *Bases* (título del libro fundamental de Juan Bautista Alberdi) de su organización «con el ojo clavado —al menos esa era la reiterada intención del poeta— en las entrañas de nuestra sociedad» *(Dogma socialista,* 1846). Ese vínculo secreto con la cara auténtica y prohibida de la realidad argentina (resumida con la palabra *barbarie* opuesta a *civilización* en el conocido binomio de Sarmiento) está representado en la guitarra que lleva, como un ta-

11

lismán, cuando emprende su peregrinaje a París, meca arquetípica de lo civilizado.

En una prosa autobiográfica temprana, anterior al viaje a Francia, *(Cartas a un amigo* del 17 de febrero de 1823) cuenta el hechizo que le producen «los dulces ecos de una vihuela» acompañados por los versos de un enamorado cantados junto a la ventana de su dama. Esta anécdota tiene relación con el clima de un poema, escrito mucho más tarde, en el destierro, que se titula significativamente *La guitarra o primera página de un libro,* y que, aunque mediocre desde el punto de vista literario, tiene, para este análisis, el interés de presentar el instrumento como el vínculo secreto de unos amantes adúlteros, como el nexo —una vez más el símbolo— con el amor prohibido.

Cuando el joven emprende su viaje, la guitarra que lleva consigo ya estaba cargada —y seguirá cargándose— de significados. Ella lo había acompañado en sus correrías de adolescente por pulperías y lupanares de los suburbios porteños, ámbito mítico de la iniciación y las transgresiones.

> Cuando tenía quince años —confiesa, ya adulto, con aparente autocrítica que esconde una jactancia—, unos amoríos de la sangre, un divorcio y puñaladas en falso, escandalizaron medio pueblo, el cual en desquite, sin duda, clavaba sobre mi atomística persona sus escrutadoras miradas. Cuando contaba dieciocho, conocíanme muchos por carpetero, jugador de billar y libertino (Carta a J. M. Gutiérrez, 5 de julio de 1836).

Una anécdota, recogida por Pastor Obligado *(La Nación,* Buenos Aires, 16 de octubre de 1862), cuenta cómo, en una pulpería, la interpretación oportuna de una pieza con la guitarra le valió a Echeverría el respeto de un gaucho que, al escucharlo, se solidarizó con él y le dio su protección en un suburbio peligroso de las afueras de Buenos Aires. La guitarra era por entonces un pasaporte inestimable en el ambiente fronterizo del precario suburbio de «La Gran Aldea», allí donde el coraje físico, ciertas destrezas criollas y la violencia tenían sus propias leyes.

Echeverría «se preciaba —según Juan María Gutiérrez, su biógrafo y amigo— de pertenecer a la escuela del maestro Sor y de interpretar la música sabia de Aguado escrita especialmente para diapasón de vihuela»[1]. Y hasta hizo algunas composiciones que aparecieron, junto a otras de Alberdi y Gutiérrez, en *El cancionero argentino,* publicación musical de la que se editaron cuatro números entre 1837 y 1838. La música, y en especial la guitarra, representaron, sin duda, algo importante en la vida del joven que prosiguió estudiándolas en París con un profesor particular, a pesar de su modesto presupuesto. En los nostálgicos inviernos parisinos, el instrumento adquiere una nueva connotación, se convierte, según palabras del poeta, en su «fiel compañera (...), la que alejaba con su sonido las fieras que me devoraban el pecho». En esta recargada expresión de su añoranza, la guitarra es un vínculo con el caótico, violento y bárbaro terruño que el deber ser ilustrado había querido silenciar, pero que el joven americano rescata desde Europa porque representa para él el arraigo, el fundamento más firme de sus propias referencias.

El viaje

El viaje a París, que coincide (y, desde luego, colabora) con la maduración del joven Echeverría, marca el rumbo de su futura trayectoria. Resulta significativo que, al salir de Buenos Aires en 1825, se registre en el libro de la aduana como «comerciante», y, al volver en 1830, ya esté convertido en «literato». En esta etapa parisina es innegable la influencia de una nueva estética literaria (el romanticismo) y de unos principios sociopolíticos renovadores (el socialismo utópico). Pero es indudable también que el mayor aporte fue el viaje en sí, la toma de distancia respecto de una realidad que, por demasiado próxima, era ignorada o, en el mejor de los casos, rechazada por heterodoxa con respecto al patrón europeo vigente en su medio.

El mayor provecho que Echeverría saca de su viaje es el

[1] *O. C.,* t. V, pág. XXX. Las citas se hacen, salvo excepciones especificadas, por esta edición, Echeverría y Espinosa, Esteban, *Obras completas,* Buenos Aires, Imprenta de Mayo, 1870-1874, 5 volúmenes.

descubrimiento —descubrimiento racional— de esa tierra americana que emocionalmente ya conocía. La más positiva lección que aprende de los literatos europeos no es sólo la explícita y evidente del romanticismo literario y su correspondencia con el liberalismo en la sociedad (según la conocida fórmula de Víctor Hugo), sino la implícita, la casi paradójica exigencia de la expresión de sí mismo. «Europa quiere de nosotros ante todo la expresión de nosotros mismos», escribía en 1932 el peruano José Carlos Mariátegui; esta era la lección que, un siglo antes, había sabido captar precozmente Echeverría de su estadía europea[2]. Desde entonces, no dejará de insistir sobre la necesidad de contar con la realidad nacional: «Tendremos siempre un ojo clavado en el progreso de las naciones —reitera en 1848, al escribir sobre *La Revolución de Febrero en Francia*— y el otro en las entrañas de nuestra sociedad.» Realidad que, en esos mismos escritos, aparece, desde un juicio actual, contradictoria o prejuiciosamente parcializada. (Ejemplos extremos son la reivindicación de lo autóctono mientras rechaza al indígena, o la incompatible defensa de la democracia y del voto calificado.) Esas mismas incoherencias, indefendibles en algunos casos, ponen en evidencia, sin embargo, una fundamental contradicción en la base de la conformación americana, que no es sino una conciencia nacional dividida, desgarrada por puntos de referencia opuestos: América y Europa, explicable como la esquizofrenia que sucede a toda descolonización.

El doble mensaje, común a las literaturas de la represión (o de la más sutil auto-represión, como en este caso), exige una lectura desconfiada, prevenida, que descubra entre líneas lo que la auto-censura no es capaz de silenciar. Se encuentra entonces, con frecuencia, en la obra de los proscriptos y de Echeverría en particular, que las mejores páginas desde el punto de vista literario, aquellas de mayor riesgo estético, son las que expresan ese mundo bárbaro, anatematizado: «El festín»

---

[2] Mariátegui, José Carlos, «Itinerario de Waldo Frank», *Boletín de la biblioteca Luis Emilio Soto,* Salta, Universidad Nacional, diciembre de 1984, núm. 2, página 23. Las circunstancias cambian, el pensamiento se afina y hoy la pregunta, actualizada, sería qué quiere Latinoamérica de sí misma.

en *La cautiva*, la violencia tosca en *El matadero*, el estilo desorbitado en la contradictoria admiración-repudio de Sarmiento por *Facundo*, la firme insurrección de Alberdi, el maniqueísmo hiperbólico de Mármol. En estas páginas exasperadas, sus autores expresaban una cara (la vergonzante, la que se esconde) de la escindida personalidad. La afinidad clandestina con el mundo rechazado los presenta en su más sincera intimidad, ellos también bárbaros, ganados para una causa en la que encuentran, inconscientemente, el orgullo de pertenencia, base de la identidad.

Los hombres del 37 cargan con la arriesgada tarea de imaginar una nación. Al margen de los aciertos o desaciertos de su proyecto político, es innegable el mérito que les corresponde por haber consolidado en la literatura una nación aún inestable en la realidad, y por haber convertido en riqueza estética, tanto el mundo bárbaro que condenaban ideológicamente, como la desmesura y la despoblación, principales obstáculos para la organización sociopolítica y territorial de un país que las sufría.

La vida y la época

Como punto de partida es necesario preguntarse por el contexto histórico en el que se inserta el grupo intelectual del 37 y Echeverría, uno de sus miembros más destacados. Si se busca la respuesta en las obras literarias o políticas de los escritores del momento, sólo se tendrá la perspectiva parcial y radicalizada del que se pronuncia por una fracción en un momento de intolerancia. La visión maniquea del conflicto entre unitarios y federales *(El matadero)*, o entre el hombre blanco y los indios *(La cautiva)*, responde lógicamente a la interpretación interesada del autor. Con su obra literaria Echeverría quiso dar testimonio de su época, y creó un objeto de arte autónomo de la realidad referencial, muy superior en rigor literario a ese valor testimonial que pretendía, excesivamente mediatizado por su embanderamiento ideológico. Sin embargo la problemática de su época está en los textos y aparece, a pesar suyo, exacerbada y contradictoria como la historiografía posterior prueba que fue.

15

No pretendo, por imposible, abarcar en este estudio la abigarrada historia de aquellos años, necesario contexto de la obra y la persona de Echeverría. Sólo me limito a subrayar tres momentos fundamentales en la trayectoria histórica del país que coinciden, y desde luego condicionan, las etapas sobresalientes de la vida y la obra del poeta. Mayo, Rivadavia y La Federación son esos tres periodos claves que se corresponden con su infancia, su formación y su madurez cívica y literaria, respectivamente.

PRIMERA ETAPA

Mayo

Si se considera la situación política del periodo revolucionario en relación con Echeverría y su generación, hijos —como los llama Ángel Rosemblat— de esa revolución, se observa una doble influencia que se traduce en un impacto emocional y un ascendiente ideológico. La revolución de Mayo, rescatada en la memoria como un recuerdo remoto de la infancia, es revalorizada más tarde por sus banderas de emancipación y autoafirmación nacional. No en vano la novena «palabra simbólica» del *Dogma Socialista* de Echeverría, que resume el credo de la generación del 37, es «Continuación de las tradiciones progresivas de la revolución de Mayo».

En el plano histórico, el 25 de Mayo de 1810 significó la fecha clave de la emancipación de los pueblos que conformarían Las Provincias Unidas del Río de la Plata. Los vientos de liberación ya soplaban con fuerza en toda América y las élites criollas estaban imbuidas de la ideología ilustrada de los filósofos franceses. El absolutismo retrógrado de Fernando VII no había hecho sino deteriorar más las ya difíciles relaciones entre la metrópoli y sus colonias. La invasión napoleónica de España supuso el pretexto, la ocasión propicia, para cortar la dependencia. En un primer paso cauteloso se usa «la máscara de Fernando VII», que significaba jurar fidelidad a la corona española pero aprovechar su acefalía para reemplazar al virrey por una junta de gobierno. Luego, la situación evoluciona hacia la afirmación de la independencia, implícita en la Asamblea General Constituyente (31 de enero de 1813) y explícita en la declaración del Congreso de Tucumán (9 de julio de 1816).

Es necesario, sin embargo, señalar que en la propia revolución de Mayo existía una escisión política que suponía dos proyectos distintos de país, representados por las figuras antagónicas de Cornelio Saavedra, presidente de la Primera Junta de Gobierno, y Mariano Moreno, secretario de la misma. Una confrontación ideológica que, en sentido amplio y con una evolución evidente, abarcó no sólo la vida de Echeverría —dato relevante para este trabajo— sino la del país hasta nuestros días.

A esta, como a cualquier otra descolonización, sucederá una serie de secuelas que impedirá la organización de la flamante y aún utópica nación. Las frágiles independencias territoriales, conseguidas en los campos de batalla por generales del prestigio de San Martín, Belgrano o Güemes, eran permanentemente acechadas por un doble frente: el enemigo exterior y la dispersión interior. El peligro exterior no estaba sólo en las tropas realistas españolas, que amenazaban desde Paraguay, desde Montevideo y, por el norte, desde el Alto Perú (actual Bolivia), sino también en las apetencias de otras potencias extranjeras en plena expansión, que buscaban ampliar su imperio comercial (sobre todo Inglaterra y también Francia), o territorial (Brasil). Los ingleses, que ya habían intentado, sin éxito, dos invasiones militares (1806 y 1807), optaron por una nueva forma de colonialismo económico menos evidente — entonces— e igualmente eficaz. El enemigo interno era la propia desestructuración de un país que fracasa en sus sucesivos intentos de federación, entorpecidos por los intereses cada vez más protagónicos de Buenos Aires. Opuestos a esta hegemonía surgen los caudillos que lideran a las provincias del interior. El primer enfrentamiento serio ocurre a sólo un año de la revolución; en 1811, el caudillo oriental Gervasio Artigas, traicionado por la Primera Junta de Gobierno, dirige el éxodo de su pueblo a Entre Ríos y se hace fuerte en la región del litoral. Más tarde, la Liga Federal, constituida en 1815 por las provincias de Corrientes, Entre Ríos, Santa Fe, Córdoba y la Banda Oriental (hoy Uruguay), le otorga el título de «Protector de los

17

pueblos libres». El ejército enviado por Buenos Aires fracasa en su intento de reducirlo, y esto motiva la caída del director supremo Carlos de Alvear, cabeza del gobierno nacional.

Estos enfrentamientos entre Buenos Aires y los caudillos hunden al país en la guerra civil cuando aún no se ha conseguido afirmar la independencia. En 1816 se reúne, en Tucumán, un Congreso General Constituyente (sin representación de las provincias del litoral, en franca disidencia) que, el 9 de julio, declara formalmente la independencia de la corona española, «y de toda otra dominación extranjera» (puntualización que se añade para invalidar posiciones proclives a un protectorado inglés), y nombra director supremo a Juan Martín de Pueyrredón. Era este un doble intento para preservar la integridad territorial del país, salvándolo de la codicia foránea y de la desmembración interior.

Entre los congresistas afloran las distintas posiciones de las provincias y de Buenos Aires; el debate sobre la forma de gobierno esconde un problema mucho más amplio en el que se compromete el futuro institucional y económico del país. Por otra parte, la principal función legislativa, para la que había sido convocado, fracasa con la Constitución aristocrática y centralista de 1819 (que dará como resultado la «crisis del año 20»). La reacción de las provincias no se hace esperar: las tropas entrerrianas y santafecinas, acaudilladas por Francisco Ramírez y Estanislao López, respectivamente, se dirigen hacia Buenos Aires. Desprotegido, el director Rondeau es vencido por los caudillos del litoral en la cañada de Cepeda, el 1 de febrero de 1820. Este hecho, que consagraba en principio el triunfo federal, significó, sin embargo, la desunión de las provincias, que no logran la organización federada deseada y agotan sus ya pobres recursos en luchas fratricidas.

Una consecuencia seria de estos desencuentros es el desmembramiento de la, por entonces, provincia de la Banda Oriental, que culmina más tarde con la independencia del actual Uruguay.

En el interior, los caudillos se acantonan en sus provincias y tratan de imponerse o de pactar con sus vecinos. Buenos Aires, por su parte, constituida en una provincia más, pero privilegiada por sus recursos y sus etapas de protagonismo, luego de superar la crisis de gobierno que sucede a Cepeda (hubo un día en que se nombran tres gobernadores), encuentra la estabilidad dentro de las fronteras provinciales. En este momento aparece en la escena política Juan Manuel de Rosas, poderoso estanciero de la provincia que consigue pactar la paz con López, el caudillo de Santa Fe, y apadrina la candidatura de Martín Rodríguez para gobernador de Buenos Aires.

Infancia y adolescencia

En estos años de agitación política y tumultos sociales transcurre la infancia de José Esteban Antonio Echeverría. Había nacido en Buenos Aires, en el barrio del Alto, hoy San Telmo, el 2 de septiembre de 1805, cinco años antes de la revolución de Mayo que tanto gravitará sobre su vida y la del país. Aunque poco se sabe de su infancia, hay algunos datos significativos para su trayectoria posterior. Entre 1816 y 1817 concurrió, junto a su hermano José María (Esteban era el primogénito de nueve), a la escuela de San Telmo que dependía del Cabildo. Un solo maestro, Juan Alejo Guaus, y su ayudante, trataban de enseñar a leer y escribir a 180 niños. También impartían nociones de aritmética, doctrina cristiana y política, infundiéndoles, con esta última y novedosa asignatura, el conocimiento y respeto por la aún reciente gesta revolucionaria. En un fragmento autobiográfico, él mismo responsabiliza de la irregularidad de sus estudios primarios a la borrascosa situación sociopolítica. A esta inestabilidad del entorno se suma otra: la emocional, causada por la temprana muerte de su padre, el comerciante vizcaíno José Domingo Echeverría, en 1816, y agravada por la mala relación con su tutor: un déspota, según sus palabras. El sentimiento de pérdida, unido al rigor del tutor y a los mimos maternos, influyeron, seguramente, en la formación del pequeño Estebita, como lo llamaban sus amigos, que crece caprichoso y melancólico, con una personalidad apropiada para que el *mal du siècle* se haga cargo pronto de su sensibilidad. Sus primeras prosas reflejan ya ese estado de ánimo particular, oscilante entre un escepticismo prematuro y una demorada pubertad.

19

Ya me empalagan esos manjares insustanciales e insípidos que busca la juventud anhelante —escribe cuando aún no tenía dieciocho años—. Mi ánimo necesita ahora otros alicientes para conmoverse; siento que algo me falta; pero no acierto a adivinar lo que es. La sed me devora pero no sé a dónde ir a apagarla. Una fiebre continua me agita y saca por momentos de quicio mi razón. Mi estado es el de un volcán que no necesita sino de un débil impulso para lanzar las materias inflamadas que fermentan en su seno *(Cartas a un amigo,* 24 de febrero de 1823).

Su adolescencia es disipada y bohemia (se le conoce como bailarín galante en los salones, como «farrista» y guitarrero en los suburbios), aunque, seguramente, menos peculiar de lo que él la cuenta al declararse don Juan y libertino. La conducta del joven rebelde y nocheriego causa, sin duda, pesares a su madre, doña Martina Espinosa, preocupada, como cualquier madre de este mundo, por la reputación y la moral de su hijo. Pero ella muere, también prematuramente como su marido, en julio de 1822 y su hijo se culpa de haber sido la causa involuntaria pero responsable de esa pérdida. El golpe lo deprime, deja la vida mundana o, más exactamente, la vida mundana lo deja a él:

pocos días de tribulación —dice con resentimiento— han bastado para alejar a mis amigos de casa; mi dolor los fastidia y me llaman débil porque sé sentir *(Cartas a un amigo,* 28 de agosto de 1822).

Abandona Buenos Aires y se marcha al campo para buscar paz y consuelo en la naturaleza, pero el recuerdo de su madre la empaña con «fúnebre velo». Tanto la actitud como el lenguaje, decididamente pre-románticos, son apreciables en varios pasajes de *Cartas a un amigo.* Sorprende que estas prosas, escritas entre 1822 y 1823, antes de su experiencia parisina, ya anticipen el descubrimiento del paisaje local y de una naturaleza cómplice, aspectos fundamentales de la nueva estética. Esto confirma la tesis, expuesta reiteradamente, de que la nueva sensibilidad ya tenía caldo de cultivo en el Río de la Plata, siempre atento a las novedades europeas, y explica la adhesión incondicional de los jóvenes cuando, años más tarde, la introduce oficialmente el poeta.

En 1822, el mismo año de la muerte de su madre, se inscribe, junto a su hermano Félix, en el Departamento de Estudios Preparatorios de la flamante Universidad de Buenos Aires, creada el año anterior por Bernardino Rivadavia, como concreción máxima de su política ilustrada. Estudia allí, durante dos años, latín y filosofía con el presbítero Mariano Guerra y con Manuel Fernández Agüero respectivamente, y toma paralelamente clases de dibujo en la escuela creada por el padre Castañeda y dirigida, en esa época, por Rousseau[3]. Al año siguiente (fines de 1923), abandona las clases para comenzar a trabajar como dependiente de aduana en los almacenes mayoristas de Lezica Hermanos. Aunque sus biógrafos aclaran que era habitual en los jóvenes de familias pudientes emplearse como subalternos para completar un aprendizaje práctico, hay, sin duda, necesidades económicas en la base de esta decisión. Indicio de ello son las «causas independientes de mi voluntad» aducidas por el orgulloso Echeverría (la falta de dinero es tema de mal gusto que no se menciona) y la reveladora escena, descrita por Juan María Gutiérrez, del joven dependiente que estudia francés y lee poesía entre los fardos del almacén. Su vocación intelectual es indudable ya por estos años. Pero para comprender la orientación de los estudios y su incidencia en la trayectoria ideológica del «talentoso, juicioso y aplicado» alumno —según consta en sus calificaciones— es indispensable repasar los hechos sobresalientes del periodo rivadaviano.

---

[3] Cuando Echeverría ingresa en la Universidad y toma paralelamente clases en la Escuela de Dibujo, era director de la misma el francés Rousseau y no el sueco José Guth, como apuntan sus biógrafos. Guth estuvo a cargo de la escuela desde 1817 a 1819, año en que es reemplazado por Rousseau. Desde que Palcos confunde este dato, el error se repite en las sucesivas biografías.

Segunda etapa

Rivadavia

La influencia de Bernardino Rivadavia abarca no sólo su breve periodo presidencial (1826-1827) sino los más activos años de su ministerio porteño que comienza en 1821, cuando es nombrado Ministro de la Gobernación y de Asuntos Exteriores.

Tanto la situación nacional como la internacional favorecen su acción de gobierno. En el ámbito exterior, el triunfo de la España liberal con la revolución de Riego asegura el respeto a la independencia de las ex-colonias, que culminará, en 1824, con el triunfo del general Sucre en Ayacucho sobre las últimas huestes españolas en la América continental. En el ámbito nacional, la batalla de Cepeda, que había supuesto la derrota militar de Buenos Aires, significó también, paradójicamente, su prosperidad económica gracias a la autarquía federal que le permitió revertir en beneficio propio sus aventajados recursos. Cuando el Congreso la erige en capital del país, en 1826, Buenos Aires tiene unos 60.000 vecinos. «La Gran Aldea» se despereza y quiere convertirse en una ciudad moderna. Los tejados y los patios coloniales empiezan a ser suplantados por edificios de dos plantas, y las cornisas, al gusto francés, ocultan las tejas españolas. Las arraigadas costumbres peninsulares dejan paso a modas inglesas y francesas, de fuerte atracción para la clase dominante, a la que empieza a acceder una burguesía en ascenso que quiere ser cosmopolita y abierta.

Impulsado por Rivadavia, el gobierno unitario toma una serie de medidas que desarrollan la industria, la agricultura, el comercio y, sobre todo, la educación. Se crea la Universidad de Buenos Aires (9 de agosto de 1821), el Departamento de Primeras Letras (8 de febrero de 1822), el Colegio de Ciencias Morales (mayo de 1823); y hasta se llega a tener un apoderado en Europa (M. Varaigne, cuando viaja Echeverría), encargado de acoger y orientar a los jóvenes argentinos enviados por su gobierno para «formar los profesionales de que carecía el país».

Salón porteño de la época *(Minuet, de Pellegrini)*.

La orientación laica de la instrucción, inspirada en el cientificismo ateo de la Ilustración y, sobre todo, la competencia de la escuela pública, malquistan a Rivadavia con la Iglesia, dueña de la educación desde los tiempos de la colonia, y la convierten en un poderoso enemigo. Al fuerte anticlericalismo, que pasa a ser bandera de combate del grupo unitario liberal, los federales de La Rioja, acaudillados por Facundo Quiroga, responden con el lema «religión o muerte», inscrito en su estandarte.

La trama política del país se divide, por esta época, en dos grandes partidos: el unitario, heredero del racionalismo ilustrado del antiguo grupo directorial, remozado por los bríos y la actividad rivadavianos, y el federal, al que responde anárquicamente la mayoría de las provincias, aliadas o enfrentadas por pactos o guerras regionales. Mientras el primero cuida predominantemente los intereses porteños, aunque también recibe la adhesión de algunos gobiernos provinciales (los de Salta y Tucumán), el segundo postula la defensa del interior del país y tiene el apoyo de los federales porteños. En este grupo Juan Manuel de Rosas ve depositada la confianza de las masas populares, base de su posterior poder.

Rivadavia, que quiere extender al país el modelo que había experimentado con éxito en Buenos Aires, reúne un Congreso Nacional que dicta una constitución unitaria (23 de enero de 1825), crea el cargo de presidente de las Provincias Unidas del Río de la Plata en febrero de 1826 (para el que es elegido, al día siguiente, el mismo Bernardino Rivadavia), y erige a Buenos Aires en capital del país (4 de marzo de 1826), concretando las aspiraciones centralistas de su partido. Ese mismo Congreso había aceptado el año anterior (1825) la anexión de la Banda Oriental, que trajo como consecuencia la guerra con el Brasil. La flota de Brown, en Juncal, y el ejército de Alvear, en Ituzaingó, dan la victoria militar al gobierno rivadaviano, cuya diplomacia, sin embargo, pierde el territorio oriental[4].

Presionado por los federales, Rivadavia dimite (1827), y la

---

[4] Es más lógico pensar que Rivadavia cede a presiones de los ingleses, con los que tiene compromisos contraídos (principales interesados en tener en el Río de la Plata una base de operaciones independiente del control de argentinos y brasileños), que pensar en la ineficacia de una cancillería que pierde en las negociaciones lo ganado en las batallas.

provincia de Buenos Aires elige gobernador a Manuel Dorrego, federal doctrinario, moderado, que firma la paz con el Brasil. Su gobierno, eficaz, dura muy poco porque es fusilado en Navarro, el 13 de diciembre de 1827, por orden del general Lavalle. Al volver victorioso del Brasil y ver revertida la situación política, el terrible general, «la espada sin cabeza» —como lo llamará Echeverría en su poema *Avellaneda*—, instigado por el grupo de los «doctores» porteños, se subleva y persigue y mata al gobernador. Con Lavalle en el gobierno de Buenos Aires y las victorias del general Paz sobre Quiroga, los unitarios se envalentonan y hacen pagar con saña sus cuentas al bando federal.

Rosas, que durante la etapa rivadaviana se había mantenido discretamente apartado, pero preparando su estrategia, vuelve a la escena política con la muerte de Dorrego. Logra neutralizar a Lavalle y es elegido gobernador de Buenos Aires con facultades extraordinarias en diciembre de 1929.

Seis meses más tarde, el 28 de junio de 1830, regresaba al país Echeverría, cumplidos, en cierta forma, los años más importantes de su formación.

La formación

La formación de Echeverría, que había comenzado con los estudios teóricos en el Departamento de la Universidad y con la práctica en los almacenes de Lezica, culmina con el viaje a París, puesto de moda por el plan rivadaviano para la profesionalización de jóvenes becarios. Sebastián Lezica, amigo íntimo de Rivadavia, y Félix Piñeyro, ayudan y estimulan a su protegido en esta empresa. Para el sensible pupilo, que ha tenido ya los primeros síntomas de una enfermedad cardiaca y repetidas depresiones psíquicas (ambas dolencias las sufrirá de por vida), el viaje promete también un alivio a estos males o, al menos, una forma de evasión de una nueva «crisis moral» que padece.

Se embarca en el bergantín francés *Joven Matilde* el 17 de octubre de 1825; luego de un viaje azaroso y lleno de contratiempos (en Bahía debe cambiar de barco), llega a Le Havre el 27 de febrero de 1826, después de más de cuatro meses de «muy penosa travesía». En una carta a su hermano José María

(Bahía, 14 de diciembre de 1825), en la que ni la materia familiar le impide el estilo infatuado, cuenta los hechos:

> ...26 días estuve mareado y caí por esto en una debilidad tal, que la cama era mi único lugar, y las tinieblas de la tumba mi camino.

Ocho días más tarde, el 6 de marzo, se instala en París en el barrio de Saint-Jacques. Deslumbrado por las posibilidades culturales que ofrece la ciudad, trata de aprovechar al máximo su estancia. Recomendaciones de Lezica, que había hecho en Europa gestiones para su gobierno, le facilitan el camino. Aunque no sigue ninguna carrera regular, estudia economía política y legislación en la Sorbona, matemáticas y geografía con profesor particular, y también guitarra «con una eminencia»; toma clases de dibujo en una academia y, por gestión de Varaigne, el comisionado de Rivadavia, concurre al Ateneo donde sigue diferentes cursos, sobre todo de ciencias, que se dictan de noche, y donde tiene acceso a una biblioteca. Esta es época de ávidas lecturas: Pascal, Montesquieu, Lammenais, Guizot, Chateaubriand y otros, sobre los que toma notas en sus cuadernos, y «como desahogo a estudios más serios —según él mismo escribe recordando este periodo— me dediqué a leer algunos libros de literatura. Shakespeare, Schiller, Goethe y especialmente Byron me conmovieron profundamente y me revelaron un nuevo mundo» (t. v, pág. xviii). Incentivado por el medio y las lecturas se siente «inclinado a poetizar». Advierte entonces la necesidad de dominar la lengua y la métrica castellanas; y, a pesar de que se dormía con los clásicos españoles —como él mismo confiesa, haciendo tal vez concesiones a la moda francesa—, logra una base firme en el manejo del idioma. Su prosa se mantiene castiza, con arcaísmos a veces, frente a la tendencia afrancesada y a los frecuentes galicismos de su generación. El estudio tardío de la literatura española demuestra la percepción del futuro escritor, que no confunde su antihispanismo ideológico con las exigencias estéticas. Esto le permite, en una época de rabioso afrancesamiento, ir a las fuentes del idioma, que son también sus propias fuentes — Cervantes, Fray Luis de León, Quevedo, Lope,

Tirso (citados en sus epígrafes)—, a sentar las bases para su poesía.

Han sido muchas las conjeturas que se han hecho sobre su paso por París, debido a la falta de información al respecto. Sus notas están incompletas, sólo recogen los años 1825 y 1826; Gutiérrez habló de «hermetismo» debido al estudio absorbente, porque no conocía una nutrida correspondencia con Lezica, Piñeyro y su hermano José María, en su mayor parte hoy perdida; Palcos, que revela este dato, cree que el mutismo tendía a evitar redundancias: Echeverría omite hablar sobre París porque sus impresiones ya las dio en esa correspondencia. Arrieta adjudica la «reserva impenetrable» a alguna experiencia humillante que el orgulloso joven no quiere confesar; «la modestia —escribe— no es un rasgo de su fisonomía moral». Es probable que Marsal se acerque más a la realidad de los hechos aplicando a la situación el sentido común y teniendo en cuenta, como Arrieta, la vanidad del biografiado. Para el joven porteño que llega a «uno de los puntos neurálgicos de la cultura europea —estima Marsal— su asimilación debió ser forzosamente gradual, y su papel, de modesto y no muy avezado espectador. Y si bien su conversión al romanticismo estético fue súbita —flechazo generacional— su conocimiento del más complejo aparato de las corrientes políticosociales coetáneas fue mucho más lento y, en gran parte, posterior a su viaje europeo»[5]. Sus biógrafos coinciden hoy en que la asimilación del socialismo utópico y la lectura de sus principales teorizadores pertenecen a una etapa posterior y fue hecha, ya a su regreso en Buenos Aires, por contacto con sus amigos, sobre todo Alberdi y Sarmiento, enfervorecidos saintsimonianos.

Si está poco documentada esta etapa de su biografía es, sin embargo, previsible que, como a cualquier joven inquieto que llega a la capital cultural del momento, lo que más debió influirle fue el ambiente de la ciudad. Y París, por esos años, vivía una de sus crisis más intensas; crisis, en el mejor sentido, que ponía en revisión los valores establecidos y era intelectualmente fecunda e incentivadora. En el plano ideológico, la vieja

---

[5] Marsal, Juan Francisco, «Estampa de un romántico argentino», *Cuadernos Hispanoamericanos*, núm. 76, abril de 1956, págs. 53-54.

Ilustración, desvirtuada en una serie de corrientes eclécticas, era reemplazada por el naciente socialismo utópico, teorizado por Enrique Rouvroy, conde de Saint-Simon, y sus discípulos Fourrier, Considerant y Leroux. En el ambiente literario, la nueva sensibilidad introducida desde Alemania por Mme. de Staël y Chateaubriand trata de abrirse campo frente a un neo-clasicismo ya envejecido pero que, desde el poder, se resiste a morir. El manifiesto de la joven estética lo da Victor Hugo, su conductor de veinticinco años, con el prefacio a *Cromwell* (1827), y la victoria ocurre en el estreno de *Hernani* (25 de febrero de 1830), donde se produce la famosa *batalla* entre clásicos y románticos. Aunque no se sabe a ciencia cierta si Echeverría asistió a la representación, es imposible que no se enterase del escándalo del estreno. En 1830, año clave del romanticismo francés, aparece también *Harmonies* de Lamartine y, el 1 de abril, éste pronuncia su discurso de ingreso a la Academia Francesa, con lo que la nueva estética quedaba ya institucionalizada. Lamartine, que —como Victor Hugo— conjugaba en su persona al poeta romántico y al hombre de acción comprometido con la política de su medio, debió ser modelo admirado por Echeverría (él también, más tarde, arquetipo de poeta cívico) hasta el punto de incluir en sus composiciones —como lo demuestra García Mérou— traducciones textuales de sus versos.

Los datos que se conocen sobre su vida por estos años han sido aportados, en su mayor parte, por Gutiérrez. Concurre a algunas tertulias, no sólo de connacionales, sino de franceses sensibilizados por la problemática de la América independiente; hace amistad con Federico Stapffer, un joven de origen suizo-alemán, que lo introduce en la lectura de Schiller y Goethe; polemiza con algunos de los muchos argentinos que estudian por entonces en París; escribe sus primeros poemas y los muestra a sus amigos, sobre todo a Ireneo Portela y a José María Fonseca, médico argentino, este último, que lo alienta con una crítica halagüeña; y son también previsibles las visitas del turista a la ciudad, reflejadas en unos versos de la fallida «Peregrinación de don Juan» que tienen, sin embargo, el interés de mostrar su deslumbramiento.

Era París, cabeza de la Francia,
astro inmenso de luz que a la distancia
sobre los pueblos de uno y otro mundo
derrama sin cesar rayo fecundo...

Y a París va don Juan, y monumentos,
teatros y palacios y portentos
de la industria y del arte, absorto mira...

Es posible agregar a esta lista otros hechos recogidos en las minuciosas biografías. Pero quizás sea más útil buscar el significado de aquellos que, por afinidad o reacción, inciden en su obra y actuación posteriores. Los dos momentos sobresalientes de su etapa formativa, el rivadaviano y el parisino, aportan materia de reflexión. Por una parte está su experiencia americana, rioplatense, en la que se mezcla el conocimiento directo de la realidad (la ciudad, sus salones, sus suburbios y la pampa) con el ordenamiento teórico de la misma realidad, hecho de espaldas a ella desde las cátedras europeizantes de la universidad. Por otra parte está su experiencia europea, en la que «realizó su asimilación —como observa García Puertas— en el propio foco irradiante y cuando aún estaba en caótico proceso de formación»[6]. Su actividad posterior, tanto literaria como política, reflejará la búsqueda de una síntesis entre estas tensiones aparentemente divergentes. Para penetrar en este conflicto que absorbe apasionadamente la madurez de Echeverría, tal vez ayude, no tanto la exposición, que sería reiterativa, de las circunstancias que lo originaron, como la interpretación de las mismas. Una interpretación podría buscarse en el significado de la guitarra y del viaje como símbolos, al que trata de acercarse la introducción de este trabajo.

---

[6] García Puertas, Manuel, *El romanticismo de Esteban Echeverría,* Montevideo, Universidad de la República, 1957, pág. 7.

Estanciero con chaleco federal, de d'Hastrel.

La Federación

El largo periodo federal, controlado por Juan Manuel de Rosas, abarcará la vida pública y productiva de Esteban Echeverría hasta su muerte. Se extiende, con un paréntesis de tres años, desde diciembre de 1829, cuando Rosas es elegido gobernador de la provincia de Buenos Aires, hasta la derrota de Caseros en febrero de 1852. El paréntesis entre 1832, fin del primer gobierno provincial, y 1835, fecha de su reelección, fue más que relativo porque, si bien Rosas no ocupa cargo público alguno y se aleja a su estancia de Figueroa, son años preparatorios para acrecentar méritos y popularidad en los que maneja, desde la sombra, los hilos de la política porteña. Cuando en 1829 es elegido gobernador con plenos poderes, triunfa con él un nacionalismo criollo y populista, más atrasado que conservador, diametralmente opuesto al liberalismo europeizante y elitista de los ilustrados. La política nacional se encaminaba hacia la escisión tajante que haría el diálogo imposible una década más tarde:

> Un partido estaba un siglo atrás —opina J. B. Alberdi—, el otro un siglo adelante, ninguno estaba en su sitio. Faltó el buen sentido que no está ni adelante ni atrás: está siempre donde debe estar. Y el buen sentido en Sudamérica está más cerca de la realidad inmediata y palpitante, que de los libros que nos envía la Europa del siglo XIX... (3.ª «Carta quillotana»).

La división, sin embargo, no responde tanto a proyectos ideológicos como a intereses económicos opuestos: el interior quiere compartir las ventajas de las provincias ricas del litoral mientras éstas buscan defender sus privilegios. La Confederación Argentina centraliza, de hecho, el poder en Buenos Aires, gracias al protagonismo creciente de Rosas, *El Restaurador de las Leyes,* y a la paulatina sumisión de los caudillos. El proyecto federal, antitético, en principio, del rivadaviano, logrará para-

31

dójicamente la unidad nacional, pregonada con su nombre por los unitarios, pero nunca antes alcanzada en los hechos. Habían cambiado las maneras, el lenguaje, la estrategia, pero los objetivos y los resultados eran, en cierto sentido, semejantes. Como en la década anterior lo hiciera Rivadavia, ahora también se defendían los privilegios del puerto y de la provincia de Buenos Aires (de los estancieros y saladeristas, cuyos intereses compartía el gobernador) en desmedro del progresivo aislamiento y el consiguiente atraso, cada vez mayor, del interior.

Para asegurar una estabilidad que no estaba dispuesto a arriesgar, Rosas comienza a exigir adhesiones incondicionales. Sus más fanáticos seguidores habían creado, en 1834, la Sociedad Popular Restauradora, policía política del régimen, conocida como *La Mazorca,* tristemente famosa por la brutalidad de su represión, sobre todo en 1839-1840, años cruciales de la intolerancia. (Esta es la situación que recoge *El matadero,* y esos los años en que fue escrito.) La represión se va acentuando en su segundo gobierno, aunque ya había comenzado en el primero, dirigida especialmente contra las cátedras liberales de la Universidad. Fernández Agüero, profesor de Echeverría, Diego Alcorta y Valentín Alsina, notables maestros, se habían visto obligados a dimitir, y con Juan Cruz Varela, director del diario *El Tiempo,* se había iniciado, en 1829, el exilio de los hombres de letras. Ser tildado de «afrancesado» o «romántico», calificativos usados para escarnecer, equivale a volverse sospechoso. Sólo en este contexto se explica la enfática, y a primera vista inconsecuente, declaración de los jóvenes escritores que afirman: «no somos ni queremos ser románticos», en el núm. 8 de *La Moda,* revista cripto-contestataria, redactada desde el anonimato por Alberdi y Gutiérrez. El rótulo de «unitario» sirve para desacreditar, cualquiera sea la ideología del inculpado. Se castiga tanto la oposición como la discrepancia interna y hasta la falta de obsecuencia explícita. Es obligatorio, para los funcionarios públicos y, en la práctica, para todo ciudadano prudente, el uso de la *divisa punzó,* una cinta con el color de la Federación que exterioriza la adhesión al régimen. Más tarde, cuando muere Encarnación Ezcurra el 19 de octubre de 1838, se impone, además, el uso de una banda negra en señal de duelo. Signos exteriores de afiliación o repudio son también el gran bigote federal y la barba en U de los unitarios (la que lleva Echeverría en uno de sus retratos más difundidos). Toda esta simbología es usada para las caracterizaciones en *El matadero*.

Rosas fue conocedor del variado espectro de hombres que manejaba. Se cuenta que ganaba en destreza y coraje a los gauchos de su estancia, y se interesó a tal punto por el mundo indígena, en una época en que era absolutamente despreciado, que hizo unos estudios de léxico y gramática del dialecto pampa; a su vez conocía el trato refinado de la oligarquía, a la que pertenecía por familia. Líder de gran carisma, le fue fácil dirigir el resentimiento de las masas hacia un enemigo único, *los salvajes unitarios,* en quienes veían personificado todo lo que despreciaban: el centralismo acérrimo, el liberalismo ateo y el extranjerismo elitista y anti-criollo.

Sin embargo, la exacerbación de la época, y la historia escrita por los vencedores de Caseros, impidió ver, por mucho tiempo, el importantísimo aporte de la gestión de Rosas. Consigue unificar el país, a fuerza de ser implacable con los opositores internos, y afirmar sus fronteras, amenazadas por los Estados vecinos, evitando nuevos desmembramientos. Con un hábil manejo de las relaciones exteriores, que las demás provincias habían delegado en la de Buenos Aires, logra triunfos diplomáticos notables sobre las potencias colonialistas extranjeras. Soporta dos bloqueos, uno francés (1838-1840) y otro anglo-francés (1845-1849/1850), de los que sale fortalecido gracias a su capacidad negociadora. Su política xenófoba, más pregonada que real, no impide, sin embargo, buenas relaciones comerciales con sus presuntos adversarios. La bondad de estos vínculos queda demostrada cuando, después de la derrota de Caseros que pone fin a su mandato, se refugia en una fragata británica y pasa en Inglaterra los veinticinco años de exilio, hasta su muerte en 1877.

De los muchos incidentes que afronta el gobierno de Rosas, hay algunos que interesa destacar por la relación que guardan con la vida y la obra de Echeverría. A finales de 1839 fue sofocado, con obstinada crueldad, el levantamiento liberal de los hacendados de Chascomús, encabezado por el mayor Pedro Castelli. Con las noticias aún recientes y contradictorias sobre estos hechos, Echeverría, auto-exiliado por entonces en Los Talas, propiedad rural de su familia en la provincia de Buenos Aires, empieza a escribir *La insurrección del sud,* su primer poema de tema político. Forzado, más tarde, a una emigración apresurada, abandona los originales, que recuperará, luego de creerlos perdidos, «gracias a la cintura de una señora muy patriota» (según escribe en «Carta al editor del *Comercio del Plata*» del 28 de enero de 1849), y que concluirá y publicará en Montevideo, en 1849.

Al año siguiente, los anti-rosistas exiliados (unitarios, federales disidentes y románticos) se unen en Montevideo, a instancias de Alberdi, para emprender una campaña a las órdenes del general Lavalle, «el veterano sin estrella» como también lo llamará Echeverría en su, ya citado, poema *Avellaneda*[7]. Desembarcan en San Pedro, al norte de la provincia de Buenos Aires, el 5 de julio de 1840, y se retiran al mes siguiente «dejando —según Gutiérrez— más compacto que nunca el poder del tirano» (t. V, pág. LXXI). Echeverría, que abogaba por la eficacia de la oposición ideológica sobre la militar, se ve forzado, sin embargo, a tomar partido porque «la situación no tenía término medio, y la alternativa era forzosa y fatal» (t. V, página LXX). Al retirarse el ejército de la fallida incursión, debe exiliarse. La fragata francesa *Expeditive* lo recoge en la costa del Guazú y lo lleva al puerto uruguayo de Colonia del Sacramento. Nunca más volverá a su país.

En 1843 tiene lugar el sitio que el ejército de Oribe, aliado de Rosas, pone a Montevideo. Distintas anécdotas dan testimonio de la participación del poeta en los hechos. Mitre narra que subsistía pobremente en un cuarto desmantelado comiendo la ración que se daba a los sitiados «como un soldado raso de la libertad» y que escribía en un papel barato que compraba cada día por cuadernillos sueltos, feliz cuando el dinero le al-

---

[7] En 1841 es vencida en Famaillá la llamada Coalición del Norte que reunía, en contra de Rosas, las provincias de Tucumán, Salta, Jujuy, Catamarca y La Rioja. Su jefe, Marco Avellaneda, fue muerto en Metán (provincia de Salta), y su cabeza, exhibida en una pica para escarnio y escarmiento. Echeverría, exiliado en Montevideo, se inspira en estos hechos para escribir su poema, que publica en septiembre de 1849.

canzaba además para unos cigarros de chala, su único vicio (t. V. pág. LXXI). Se sabe también que, apremiado por las estrecheces, tuvo que pedir dinero prestado. A Juan Miguel Martínez le retribuye su ayuda con los originales de *La Guitarra*. Gutiérrez recoge una anécdota menos dramática: cuenta que el general Pacheco, defensor de Montevideo, lo encontró curvado por su enfermedad cuando volvía de las trincheras; había acudido al toque de alarma por un amago de los sitiadores. Entonces el general, al mando de una fuerza de caballería, hizo que la tropa saludara «al ilustre poeta que daba aquel ejemplo de abnegación y constancia» (t. V, nota páginas LXXVIII-LXXXIX).

Hacia finales de la década el gobierno de Rosas se va deteriorando porque el poder omnímodo había suscitado demasiados enemigos, y la intransigencia, reacciones encarnizadas. Justo José de Urquiza, caudillo de Entre Ríos, que había dado triunfos a la Federación, pero que tenía aspiraciones autonómicas incompatibles con los intereses del Restaurador, empieza a interesarse por la labor de los proscriptos. Había recibido un ejemplar del *Dogma Socialista* (agosto de 1846) que, con astucia, le envió Echeverría desde Montevideo. El poeta apoyaba una estrategia y estaba expectante, lo atestigua una carta del 10 de noviembre de 1846, enviada a Gutiérrez, en la que escribe:

> Es preciso desengañarse, no hay que contar con elemento alguno extraño para derribar a Rosas. La revolución debe salir del país mismo, deben encabezarla los caudillos que se han levantado a su sombra. De otra manera no tendremos patria. Veremos qué hacen Urquiza y Madariaga.

Urquiza somete el *Dogma* inmediatamente a la censura del Restaurador, como era de rigor en tales casos; éste envía a Pedro de Angelis, escritor oficialista, a rebatir la postura del autor del libro. De esta polémica resultan dos cartas que tienen lugar de preeminencia en la prosa política de Echeverría. Pero el caudillo entrerriano veía en los proscriptos un apoyo que lo beneficiaba. El 1 de mayo de 1851 Rosas dimite, como lo hacía habitualmente al terminar cada periodo, cumpliendo una formalidad; pero esta vez la dimisión es aceptada. Diez meses después, el 3 de febrero de 1852, Urquiza vence a la Federación en la batalla de Caseros, con la colaboración de la Banda Oriental y del Brasil. Echeverría no podrá ver este desenlace; había muerto un año antes, el 19 de enero de 1851, a los cuarenta y cinco años, en Montevideo.

La madurez cívica y literaria

Comienza con el regreso de Echeverría de su viaje a París. A modo de despedida, completa el ritual del peregrinaje europeo con una visita de un mes y medio a Londres, y se embarca en la fragata *Correo de las Indias* en mayo de 1830. Se sospecha, puesto que deja inconclusos algunos cursos, que anticipa el regreso por motivos económicos. Desembarca en Buenos Aires el 28 de junio de 1830. Hacía medio año que Rosas gobernaba con facultades extraordinarias, y a partir de agosto le serían prorrogadas indefinidamente. La Junta de Representantes estudiaba la suspensión de las garantías individuales y el exilio de los unitarios ya había comenzado. «Al volver a mi patria ¡cuántas esperanzas traía! Pero todas estériles: la patria ya no existía», diría el poeta. El desencanto de estas líneas, frecuentemente citadas por sus biógrafos y poetizadas en los versos de *El Ángel Caído,* debe ser, sin embargo, atribuido a fechas posteriores al regreso (la frase es del 27 de septiembre de 1835), cuando, por la evolución de los acontecimientos, comenzaba a ser difícil la posibilidad de acercamiento al gobierno y de mediación entre los grupos enfrentados. Es posible, no obstante, que al llegar sufriese la depresión anímica que todo transtierro provoca, porque cuatro años de ausencia son bastante y necesitaría tiempo para dejar de ser extranjero en su patria. Echeverría traía «llena el alma de bellas ilusiones»; pero, nacidas en otro contexto, en el París bullente y desvelado de los años 1830, se estrellaban no ya contra los cambios políticos ocurridos en su ausencia sino contra la áspera realidad americana. El joven que vuelve tampoco es el mismo; la experiencia de esos años había operado un cambio perceptible en su mentalidad. Si la llegada a Francia fue con el apoyo de los rivadavianos, admirando profundamente sus doctrinas y su estética neoclásica, no tardó, sin embargo, en alejarse de ellos, a medida que profundizaba en la nueva sensibilidad con la que, por edad, había conectado inmediatamente. El historicismo y la búsqueda de lo nacional, la espiritualidad y religiosidad, y el individualismo románticos, no eran sino una reacción contra el universalismo estático y el racionalismo cientificista y laico de la Ilustración, de los que el joven intelectual se apartaba a medida que avanzaba su conversión al nuevo credo. Conversión que se había iniciado en París pero que se afirmaría a su regreso, en el ambiente abierto y expectante de Buenos Aires, excitado aún más por los ecos de la revolución francesa de 1830[8].

Las «bellas ilusiones» del recién llegado tenían también un componente de esnobismo, al que siempre fue proclive la élite porteña. Está patente en las páginas de Gutiérrez, su biógrafo incondicional, que por entonces lo conoce de vista y describe:

> ...llevaba con suma naturalidad el vestido que por su corte demostraba desde lejos la exquisita habilidad de los artesanos franceses en materia de modas. Usaba lente de aro de oro labrado, porque lo necesitaba en realidad para discernir los objetos distantes, y nadie le tachaba de afectado cuando en la calle y con frecuencia llevaba la mano al ojo para reconocer a las personas que le llamaban la atención. Estos eran los aspectos externos bajo cuyos auspicios se presentaba en Buenos Aires el recién llegado (t. V, págs. XXXIII-XXXIV).

Esta imagen excéntrica contrasta profundamente con la austeridad del fin de sus días en Montevideo, cuando, a esa prestancia que siempre mantendrá, la había cargado con vida y obras, con renuncias personales y compromisos cívicos. Nada queda de frivolidad en ese hombre pobre y enfermo que escribe empecinadamente y al borde de sus fuerzas unos poemas

---

[8] El historiador Fidel López recuerda el «sacudimiento» que produjo en la juventud universitaria aquella revolución y la «entrada torrencial de libros y autores que no se habían oído mencionar hasta entonces», entre los que cita a Cousin, Villemain, Merimée, V. Hugo, Saint-Beuve, George Sand, etc.; y Alberdi, en la nota necrológica a Echeverría, habla de «un influjo de aquella revolución que no se ha comprendido aún en toda su realidad» (t. V, página LXXXIX).

que no tienen editor, a quien los «montevideanos ven salir de su modesta casa de la calle Misiones el postrer año de su existencia —según cuenta Palcos— vestido impecablemente con su levitón verde botella que sigue realzando la innata distinción de su persona». La arrogancia de su porte, que oculta el drama de la tisis, la enfermedad del corazón y la miseria, es ahora dignidad. Entre estas dos imágenes se desarrolla una trayectoria fundamental tanto en el campo literario como en el político.

Se puede hablar de dos etapas en su producción: la década porteña y la década del exilio. En la primera, el joven Echeverría introduce en el Río de la Plata la revolución romántica que supuso la independencia de los modelos literarios españoles y la incorporación de la naturaleza y la temática locales. Encabeza un movimiento de renovación estética y de compromiso político que atribuye a la poesía una función social. Inaugura, en narrativa, un realismo comprometido y testimonial que será una de las constantes de la literatura latinoamericana hasta nuestros días y que enlaza, a la vez, con la tradición de denuncia de las letras de un continente sometido. En la segunda década, la del exilio, sigue trabajando incansablemente, aunque sin resonancia, por la poesía, pero sin superar sus logros anteriores. Sin embargo, en política sienta las bases, esbozadas en el *Código* a finales de la etapa anterior, del liberalismo argentino que regirá el país hasta principios de este siglo y seguirá gravitando en nuestros días.

1. La década porteña

En la etapa porteña, su actividad se divide entre la obra escrita y el magisterio oral.

La obra escrita

Al poco tiempo de llegar de París publica en *La Gaceta Mercantil* «Regreso» y «Celebridad de Mayo» (8 y 16 de julio de 1830), que luego incluirá en *Los consuelos*. Aparecen en forma anónima, firmados por «un joven argentino». Pedro de Angelis, el más serio de los críticos partidarios de Rosas, italiano de origen, los elogia en *El Lucero,* aunque rebate unos versos en los que se vitupera a Europa.

> Confuso, por tu vasta superficie
> Europa degradada, yo no he visto
> Más que fausto y molicie...

Estas inculpaciones a la Europa que lo había deslumbrado demuestran, por reacción, la voluntariosa adhesión de Echeverría a su tierra, que el viaje, la toma de distancia, han reforzado.

Por esa época frecuenta el salón de Mariquita Sánchez, dama progresista y patriota, donde se vincula con jóvenes que luego formarán el grupo conocido como la *Generación del 37,* también llamado de *Los proscriptos* por Ricardo Rojas. Para conmemorar el 25 de mayo de 1831, da al *Diario de la Tarde* su poema «Profecía del Plata», furibundo ataque a los tiranos que, sin embargo, no es censurado y aparece en este órgano oficial, aunque con la mezquina omisión de la firma.

Su enfermedad del corazón y las crisis nerviosas, que se habían apaciguado durante la estancia en París, reaparecen en esta época. Se aísla de la vida mundana y se dedica a seguir escribiendo, por entonces su poema *Elvira,* «para desahogar mi pecho y adormecer un tanto mi dolor con la dulce melodía de las Musas», según lo cuenta en una carta a su amigo José María Fonseca del 28 de junio de 1832.

En septiembre del mismo año aparece, editado por la Imprenta Argentina y también sin nombre de autor, *Elvira o la novia del Plata.* Con apenas 32 páginas, tendrá el mérito de introducir el romanticismo en el Río de la Plata y de iniciar la independencia literaria de los modelos españoles. Se daba un paso fundamental hacia el propósito expuesto años más tarde por Echeverría en su polémica con el escritor español Dionisio Alcalá Galiano: «No se puede ser independiente en política y colono en literatura.» Tiene quizás interés anecdótico señalar que este folleto inauguraba la poesía romántica no sólo en América sino también en España: se anticipaba en un año a la publicación, en París, de *El moro expósito* del duque de Rivas, señalado como la primera obra romántica de la poesía española. Echeverría destaca el hecho cuando dice que su poema nace «sin modelo en la poesía castellana y ajustado a la romántica de Inglaterra y Alemania» (t. V, pág. XLII).

Elvira, encuadrada en un mediocre romanticismo sentimental, canta los amores desdichados de una pareja condenada al fracaso por un sueño premonitorio que se cumple con la muerte de la amada. Sin embargo, comporta novedad la libertad de combinaciones métricas que se permite el autor, decidido, como lo escribe en su carta a Fonseca, a «salir de las vías trilladas por nuestros poetas». La acogida, para la época, no fue tan fría como se ha comentado si se tiene en cuenta que es necesaria mucha lucidez para advertir los cambios decisivos cuando se es contemporáneo de los mismos. El periódico porteño *The British Packet* se distrae en contradecir el epígrafe de Wordsworth («Se ha dicho que de amor mueren algunos») con unas líneas de Shakespeare *(«...but not for love»).* De Angelis, con mayor olfato crítico y desde una postura comprometida con lo popular, da en el blanco: alaba la libertad métrica y el uso del octosílabo, verso popular, para una materia «seria», tradicionalmente cantada en endecasílabos. Echeverría, sin embargo, desatinado en su vanidad literaria, lo refuta con una sátira mordaz, *El conflicto de unos gaceteros con motivo de la aparición de un poemita o la Asamblea de los sabios, farsa satírico-cómica, por un lego,* en la que descarga su rencor. Permanecerá inédita hasta mediados de este siglo porque Gutiérrez, que conoce los arrebatos de su biografiado, le ahorra la impertinencia y no la incluye en sus minuciosas *Obras completas*[9].

Estos contratiempos alteran sus nervios y perjudican su siempre débil salud. Para reponerse se marcha, en noviembre, a Mercedes, Uruguay, donde pasa seis meses sin notoria mejoría. Dos años más tarde, en noviembre de 1834, aparecen *Los consuelos,* con el mismo título que, cuatro años antes, cuando Echeverría se despedía de París, daba Saint-Beuve a su segundo libro de poemas, *Les consolations.* Es la primera obra publica-

---

[9] Fue publicado por Ricardo Piccirilli en el *Boletín del Instituto de Investigaciones Históricas,* Buenos Aires, 1942, núms. 8-92, t. XXVI, dato que recoge Rafael Arrieta en *Historia de la literatura argentina,* Buenos Aires, Peuser, 1958, t. II, pág. 40.

da con su nombre y el primer libro de poemas de un argentino editado en Buenos Aires. Provoca en la ciudad un amor a primera vista. Su publicación, a cargo de Gutiérrez, se convierte en apoteosis generalizada dentro del reducido círculo socio-intelectual porteño. La crítica y la prensa encuentran en el libro una poesía novedosa y un acontecimiento social. *El Diario de la Tarde* y la *Gaceta Mercantil,* lo comentan. Florencio Varela, representante del neoclasicismo que esta obra venía a desplazar, la aprecia sin embargo, atraído probablemente por cierto casticismo idiomático, afín con su gusto estético; desde su destierro en Montevideo escribe alborozado a Gutiérrez:

> Amigo mío, el señor Echeverría es un poeta, un poeta. Buenos Aires no ve esto hace mucho tiempo: ¿quién sabe si lo ha visto antes? Estoy loco de contento: he comunicado mi entusiasmo a cuantos he podido, haciéndoles leer el precioso libro (t. V, nota núm. 1, págs. VIII-IX).

Gutiérrez explica el éxito porque *«Los consuelos,* en una palabra, fueron el eco de un sentimiento común y una verdadera revolución»* (t. V, pág. XLIX). Cada uno encuentra en él según sus necesidades: las damas, el amor; los caballeros, el recuerdo de Mayo; los jóvenes, las insatisfacciones y la melancolía de una nueva sensibilidad que ya había prendido en Buenos Aires. Los salones porteños desechan por entonces la austeridad colonial y frivolizan su mobiliario; el «abrazo impúdico» del vals se impone a las recatadas danzas cortesanas y el término «romántico» no tarda en ser usado por los retrógrados para criticar la afectación en los trajes, en los modales, en los escritos[10]. La fama del poeta, «El ruiseñor de *Los consuelos»,* crece por entonces:

> Días pasados —escribe en 1836, en carta a Gutiérrez del 5 de julio— me encontré en un gran salón donde había más de veinte muchachas de la flor porteña. Apenas puse el pie en el recinto, una dijo: es Echeverría, otra, no; otra, es él y todas moviéndose y bullendo de curiosidad me observaban con tan

---

[10] Ver la resonancia de esta publicación en la crónica de Gutiérrez, *O. C.,* t. V, pág. 250.

ahincados ojos que a poco rato salí de allí huyendo y renegando de la reputación.

Había conseguido la reputación social, que rechazaba por superficial y efímera, pero no la gloria literaria que, sin reparos, anhelaba: «Reniego de la reputación —decía—. Gloria querría, sí, si me fuese dado conseguirla...» (t. V, pág. 413). Pero, si es cierto que el libro marca un hito en la historia de la literatura, también es cierto que una lectura actual apenas lo sitúa en el umbral de la poesía romántica.

La cumbre de su actividad poética la consigue con *La cautiva,* que aparece incluida en *Rimas* (septiembre de 1837). Este canto realiza aquel doble propósito que había sido teorizado en el novedoso epílogo a *Los consuelos* (advertencia, en la edición de Gutiérrez) en el que postulaba que la poesía «aparezca revestida de un carácter propio y original, y que, reflejando los colores de la naturaleza física que nos rodea, sea a la vez el cuadro vivo de nuestras costumbres y la expresión más elevada de nuestras ideas dominantes...». El romanticismo vernáculo descubre por primera vez el paisaje americano, a él se suma el romanticismo social, que refleja las costumbres y las ideas de una comunidad. Más tarde, Echeverría insiste en esta función de la poesía a la que adjudica poder para «obrar sobre las masas y ser poderoso elemento social» (t. V, pág. XLV). Este compromiso de la obra con la realidad en la que surge, y del escritor que usa la literatura para el alegato y la denuncia, es una de las peculiaridades más características del romanticismo americano y refuerza la figura del poeta cívico que se impone sobre la del «literato de profesión». En Europa tiene un largo desarrollo el romanticismo sentimental que busca, no ya el pasado, sino el recuerdo melancólico de algo irrecuperable. En cambio, en la turbulenta América, donde la violencia de una sociedad moralmente colonizada fuerza los compromisos hasta la radicalización, prospera otra vertiente: la que aprovecha la insatisfacción para mirar hacia el futuro y que parte de la realidad, pero para pretender modificarla; «queremos —se lee en el núm. 21 de *La moda*— una literatura profética del porvenir y no llorona del pasado».

Además del compromiso cívico, su protagonismo público y hasta su renombre social son fundamentales en otra de las actividades desarrolladas en la década porteña: el magisterio oral en el Salón Literario. Agrupa a los jóvenes progresistas que unen las preocupaciones estéticas con las políticas y quieren para el país una salida conciliadora. Muchos de ellos ya se reunían desde 1835 en el «Gabinete de lecturas» de la librería *Argentina* de Marcos Sastre, una trastienda con mil volúmenes escogidos que funcionaba como biblioteca pública para los concurrentes. Algunos procedían inclusive de una tertulia aún más antigua, la Asociación de Estudios Históricos y Sociales, creada en 1833 y frecuentada por los entonces estudiantes Alberdi, Gutiérrez y Félix Frías, entre otros, que se reunían en la casa de Miguel Cané, padre del autor de *Juvenilia*.

El 23 de junio de 1837, tres meses antes de la publicación de *La cautiva*, Marcos Sastre, junto al grupo de jóvenes, inaugura el Salón Literario en una sala de su librería de la calle Victoria 59. La concurrencia no es, sin embargo, homogénea; a los jóvenes románticos y liberales, verdaderos motores del Salón, se suman representantes de otra ideología y de otra generación. Concurren esporádicamente, por poner dos ejemplos significativos, Vicente López y Planes, autor neoclásico de la letra del Himno Nacional Argentino, y Pedro de Angelis, escritor oficial de la Federación. Gutiérrez —en carta a Varela del 22 de septiembre de 1837— se queja de que «nuestros viejos *sont des bien drôles de gens*. Nadie según ellos puede abrir los labios si no ha encanecido, si no ha sido canónigo, fiscal de estado, ministro o representante». La orientación de los trabajos, que mantiene la adhesión formal al «Restaurador y a la Santa Federación», pero sin retroceder en la firmeza del análisis sociopolítico del momento, va provocando deserciones. Estas contribuyen a dar coherencia al grupo[11].

En las primeras sesiones (26 de junio y 1 de julio), Gutiérrez

---

[11] Sobre el tema del Salón Literario ver Weinberg, Félix, «Echeverría, una presencia decisiva», *El salón literario*, Buenos Aires, Hachette, 1977, páginas 87 y ss.

lee dos cantos, aún inéditos, de *La cautiva* que Echeverría había compuesto en su retiro campesino. Sastre intenta, sin éxito, que el poeta se ocupe de la dirección del Salón; se lo propone en una carta reservada del 28 de septiembre, en la que expone sus argumentos:

> Es menester no dar lugar a que esta juventud que rompe a gran prisa las ataduras del error de una generación extraviada vaya a extraviarse a su vez por falta de una guía ilustrada. Ya es tiempo que V., que reúne a la instrucción el don de la palabra, el crédito y la edad juvenil, ponga en acción estos poderosos resortes y no espere a que se inutilicen (...) Y de aquí nace mi empeño porque V. se ponga a la cabeza de este Establecimiento.

Junto a los temas literarios y filosóficos se plantean también los políticos, económicos y sociales. Las intervenciones de Echeverría sientan las bases de la actitud y el proyecto de la nueva generación. En la «Primera lectura», que tiene lugar en el mes de septiembre, analiza el estado crítico del país y habla del fracaso de la revolución de Mayo, detenida en su primera etapa militar sin haber alcanzado la consolidación en el plano cultural, político, social. Critica el elitismo de los unitarios que se conformaron con dictar leyes progresistas sin preocuparse por su funcionalidad, y se empeña en marcar las diferencias ideológicas que los separan. Insiste en la necesidad de conocer la realidad sobre la que se trabaja o que se quiere modificar: «...no la verdad abstracta —repite— sino la verdad que resulta de los hechos de nuestra historia, y del conocimiento pleno de las costumbres y espíritu de la nación». Para cumplir con esta propuesta hace, como primera medida, un balance del estado de la nación: un análisis pormenorizado de la economía (agricultura, ganadería, industria) y de la cultura. Observa, en este último campo, la nefasta herencia de una España atrasada y retrógrada que entorpeció el contacto con las otras naciones europeas. Exceptúa de su antihispanismo a la joven España de los progresistas como Larra, con la que tiene afinidad y proyectos coincidentes. Con duro realismo señala que tanto en filosofía como en doctrina política y literatura, lo que se tiene no es «riqueza adquirida con el sudor de nuestro rostro sino debida a la generosidad extranjera».

La obsesión básica de Echeverría era la búsqueda de una conciliación en distintos frentes: entre unitarios y federales, entre cultura europea y americana, entre literatura y acción política. Pero la situación se apartaba rápidamente de cualquier posibilidad de concordia: el gobierno era cada vez más intransigente y represivo, y los unitarios exiliados en Montevideo, más insolentes y demoledores en su ataque al Restaurador. Los jóvenes estaban solos: unos los juzgaban peligrosamente federalizados y los otros veían en ellos los símbolos externos de todo lo que detestaban: afrancesamiento, elitismo, independencia crítica.

Los conflictos internacionales (el bloqueo francés y la amenaza peruano-boliviana del mariscal Santa Cruz) tensan la situación. A partir de enero de 1838 el Salón ya no celebra sesiones y se rematan las existencias de la librería; el 17 de mayo queda definitivamente clausurado. Pero los más fervorosos contertulios, entre ellos Gutiérrez, Alberdi, Cané, Frías, Vicente Fidel López, José Mármol, convocados por Echeverría, se reúnen clandestinamente la noche del 23 de junio y fundan la Joven Generación Argentina, rebautizada más tarde como Asociación de Mayo. Inspirada en las logias carbonarias, como la Joven Italia de Mazzini, propone un pensamiento corporativo, sintetizado en las 15 *Palabras Simbólicas,* leídas por Echeverría en la sesión inaugural. Las ocho primeras proclaman principios generales, mientras que, las siete últimas, más originales, resumen el programa de la generación: continuación de Mayo, independencia cultural, progreso, democracia, confraternidad entre las distintas tendencias nacionales. El 9 de julio festejan la fecha patriótica y la fundación de la Asociación con un banquete que sella el juramento hecho en la víspera. En agosto se discute el *Credo, Catecismo o Creencia de la Joven Argentina, o Código,* comentario a las *Palabras Simbólicas,* cuya redacción había sido encomendada a Echeverría. Pero la vida en Buenos Aires se iba haciendo arriesgada para los opositores al régimen, y a raíz de una delación, o indiscreción, como la califica con sarcasmo Echeverría en la última reunión, optan prudentemente por dispersarse. Algunos se deciden por el exilio interior, como Sastre, que sobrelleva la dictadura dedicado a tareas rurales y docentes en la provincia, o, en un primer momento, Echeverría, que se recluye en Los Talas. Otros emigran. Alberdi, uno de los primeros en marcharse, lleva un ejemplar a Montevideo y lo publica, sin nombre de autor, en el último número del periódico *El Iniciador* (1 de enero de 1839) con el título de *Código o declaración de principios que constituyen la creencia social de la República Argentina;* es reproducido en febrero y marzo por *El Nacional* de la capital oriental. Alberdi, en su afán de propaganda, afirma con ampulosidad que «es la República Argentina menor de cuarenta años». En realidad, iba a ser aún más que eso: la base ideológica de la clase política que gobernará el país después de Caseros y que llevará a cabo la organización nacional. La Asociación, que tenía simpatizantes en las provincias, lo hace conocer en el interior[12].

Recluido por entonces en Los Talas, Echeverría se dedica a escribir *El matadero* (1839-1840), con la pluma caliente por los rumores de vejaciones y atropellos que le llegan de la ciudad, pero también con el tiempo suficiente para la reflexión y la corrección. Es su obra de mayor riesgo estético y fue publicada póstuma, en 1871, en la *Revista del Río de la Plata*. Motivado también por un hecho reciente, la represión cruenta de los hacendados en Chascomús, comienza su primer poema de tema político, *La insurrección del sud,* que concluirá y publicará años después en Montevideo. A raíz de la adhesión forzosa a la fallida expedición de Lavalle, se ve obligado a expatriarse a pesar de los reparos que tenía[13].

En Colonia del Sacramento, su primer destino en la Banda

---

[12] Manuel Quiroga Rosas lleva el *Código* a San Juan, donde cuenta con el apoyo de Sarmiento; Vicente Fidel López lo difunde en Córdoba, en el efímero periódico *El estandarte nacional,* durante el fugaz gobierno de Francisco Álvarez (dos meses) puesto por la revolución unitaria de octubre de 1840; y Benjamín Villafañe junto a Marco M. Avellaneda lo divulgan en Tucumán.

[13] En *Afectos íntimos* escribe: «Pero salir de su país violentamente, sin quererlo, sin haberlo pensado, sin más objeto que salvarse de las garras de la tiranía (...), es un verdadero suplicio, un tormento que nadie puede sentir, sin haberlo por sí mismo experimentado. ¿Y dónde vamos cuando emigramos? No lo sabemos. A golpear la puerta al extranjero; a pedir hospitalidad, buscar una patria en corazones que no pueden comprender la situación del nuestro, ni tampoco interesarse por un infortunio que desconocen y que miran tan remoto para ellos como la muerte. La emigración es la muerte: morimos para nuestros allegados, morimos para la Patria, puesto que nada podemos hacer por ellos» (t. V, páginas 434-435).

Oriental, donde vive un año, da a conocer «Al 25 de Mayo», la primera composición del destierro. Pero sus correligionarios lo reclaman desde la capital uruguaya. Alberdi le escribe: «La falta de Ud. es notablemente sensible, mucho hay que hacer aquí, inmensamente, todo; el campo está desierto; pide iniciadores.» En junio de 1841 se instala en Montevideo donde cumplirá la segunda y última década de su producción, la del exilio.

2. La década del exilio

Si esta etapa es deslucida para el poeta, que aporta cantidad pero sin superar la calidad de sus composiciones anteriores, y también para el hombre de éxito social y literario, al que la pobreza, la enfermedad, el desaliento lo vuelven huraño y solitario, es, sin embargo, fundamental para el ideólogo que se había lanzado a imaginar una nación cuando el país era aún un perfil inestable, y consigue estructurar orgánicamente su proyecto político.

La producción de Montevideo comienza con *La guitarra o primera página de un libro,* poema autobiográfico concluido hacia octubre de 1842, aunque no aparece publicado hasta 1849, en el *Correo de Ultramar* de París. Es curiosa la coincidencia de la reaparición de la guitarra —con toda la carga significativa señalada en la introducción de este trabajo— como tema de su primera composición importante del exilio; otra vez el símbolo del vínculo secreto con el terruño perdido.

Pero aun en la Banda Oriental lo alcanzan las vicisitudes políticas del país que dejó. Cuando el general Oribe y el almirante Brown, enviados por Rosas, ponen sitio a Montevideo en 1843, Echeverría se alista en la 5.ª compañía de la Legión Argentina a las órdenes del coronel José María Albariños, pero su dolencia cardiaca, agravada por el ejercicio físico, interrumpe, apenas comenzado, su oficio de soldado. Se dedica entonces a escribir *El ángel caído,* su poema dramático más ambicioso y extenso, malogrado, entre otros motivos, por una sobredosis política y doctrinaria que termina asfixiando a la poesía; Echeverría advierte el fallo en una difícil y valiente autocrítica que pone en duda la base misma de su estética: la concepción del arte como instrumento social. En carta a Gutiérrez del 24 de junio de 1847, escribe:

> Nada le digo del fondo, de los caracteres, ni del fin moral o social del poema, porque sería larguísimo. Está concluido; pero francamente, no estoy satisfecho de mi trabajo. Me parece que ha dañado mucho, muchísimo, al giro del drama y la espontaneidad del estro, el pensamiento sistemático que me ha dominado al escribirlo. Habré en tal caso suicidado mi obra...

Aunque la primera parte estuvo lista en 1846, su autor sigue trabajando en el poema hasta los últimos años de su vida; aparece después de su muerte en las *Obras completas* editadas por Gutiérrez.

Motivos económicos le impiden acompañar a sus íntimos amigos Alberdi y Gutiérrez en el viaje que emprenden a Europa en 1843. A su llegada a Montevideo había tenido que deshacerse, por las mismas razones, de parte de su biblioteca; el anuncio de la venta de sus libros apareció en *El Nacional* del 20 de julio de 1841. En la capital uruguaya ya no tiene el buen pasar ni el protagonismo público de otros años. Lleva una vida de austeridad y ensimismamiento, una reclusión sólo interrumpida por alguna participación en instituciones relacionadas con la educación: es socio fundador del Instituto Histórico Geográfico Nacional (1843), miembro del Instituto de Instrucción Pública (1847), e integrante del primer Consejo de la Universidad de Montevideo (1849). En el círculo de los próximos, sin embargo, no deja de desarrollar su incansable labor de promotor intelectual. Da paseos por extramuros con José Mármol, con el que mantiene largas conversaciones; se escribe con Gutiérrez y Alberdi cuando éstos están en el extranjero; habla, «con más sentimiento que elocuencia» —según aprecia Bartolomé Mitre—, de teorías filosóficas, de planes políticos, de literatura, y lee a sus amigos fragmentos de *El ángel caído*. Pero su obra escrita tiene cada vez menos difusión debido a la voluntariosa distancia que mantiene con los dos grandes bloques. Los unitarios, ocupados en la política de partido, sólo tienen lugar en sus periódicos para sus afiliados. La prensa rosista, por su parte, se mantiene adversa, aunque hay en Buenos

Aires dos sorprendentes reediciones de *Los consuelos* (1842) y las *Rimas* (1846) en plena época de intransigencia federal, sólo explicables por la devoción de los lectores porteños hacia su poeta y, quizás también, por el respeto encubierto de unos censores que oficialmente lo denostaban como «poeta romántico» o «salvaje unitario».

En 1844, a instancias de Andrés Lamas, romántico uruguayo y jefe político de la policía de Montevideo, comienza a preparar el *Manual de enseñanza moral,* obra sobre educación primaria que se editará en 1846, y participa en el certamen poético organizado con motivo del aniversario del 25 de Mayo. El público lo premia por aclamación (junto a Luis L. Domínguez), pero José Rivera Indarte, también participante, omite mencionarlo en su comentario para *El Nacional.* Este hecho, dada la susceptibilidad de Echeverría, origina una polémica desproporcionada que durará hasta la muerte del desafortunado cronista, al año siguiente.

La obra cumbre de esta etapa es, sin duda, la reedición del *Código* con el título definitivo de *Dogma socialista de la Asociación de Mayo,* precedido de un largo estudio introductorio, la *Ojeada retrospectiva sobre el movimiento intelectual en el Plata desde el año 37,* que lo actualiza, reajusta y completa. Por problemas de impresión la edición aparece en dos entregas: la *Ojeada* con su apéndice, la respuesta al escritor español Dionisio Alcalá Galiano, en julio de 1846, y el *Dogma socialista,* en agosto.

La recepción decepciona a sus promotores que, no sin cierta ingenuidad, pretendían que el *Dogma* llegase a las masas, hecho difícil si se tiene en cuenta que la Asociación de Mayo era una cúpula intelectual sin bases. La distribución es casi manual; se envían ejemplares a Chile, donde están por entonces Gutiérrez y Alberdi; en Montevideo pasa casi desapercibido para la prensa unitaria; *El Comercio del Plata,* dirigido por Florencia Varela, se limita a anunciar la edición[14]. A pesar del eco reducido o de

---

[14] La reticencia de F. Varela es más grave aún si se tiene en cuenta que la *Ojeada* lo homenajeaba al incluir su nombre junto a los de José Mármol, José Rivera Indarte y Francisco Wright, considerándolos como ilustres no asociados que, sin embargo, merecían mención. Se debió seguramente al resentimiento originado en la llamada de atención que le hacen por haber dado lugar en su periódico al colonialismo cultural del artículo de Alcalá Galiano, artículo rebatido

la escasa divulgación llega, sin embargo, a blancos importantes, receptores estratégicos que colaboran con su difusión aun sin proponérselo o queriendo lo contrario. Es el caso del ejemplar enviado a Urquiza que, aunque aliado de Rosas, comienza a ver en los proscriptos un apoyo para sus aspiraciones autonómicas. Y es también el destino del mismo ejemplar que, sometido a la censura del Restaurador, motiva la más fructífera difusión del *Dogma* a raíz de la polémica entre de Angelis y Echeverría. Las dos *Cartas a de Angelis* (Imprenta del 18 de julio, Montevideo, 1847) completan, matizan y amplían el pensamiento político de la generación del 37, y conforman, junto con el *Dogma* y la *Ojeada*, un mismo corpus doctrinario articulado en tres tiempos.

A pesar de las transcripciones de autores europeos señaladas con insidia y algún error por de Angelis (Fourier, Saint-Simon, Considerant, Infantin), y de otras que la crítica advierte después (Herder, Leroux, Lammenais, Mazzini), hay algo sumamente original en esta obra: la combinación de realismo político y eclecticismo doctrinario que le permite integrar aportes múltiples, muchas veces contradictorios en su origen (como es el universalismo de la Ilustración articulado con el historicismo romántico), para aplicarlos a la situación concreta americana.

A la preocupación prioritaria y explícita por «no salir del terreno práctico, no perderse en abstracciones» responde la novedad y no pocos de los aciertos del *Dogma*. Entre ellos el oportuno rescate de Mayo, concebido como la revolución pendiente, y su uso también como símbolo unificador que, al arraigar en el pasado, crea una continuidad histórica, a la vez que permite la reconciliación entre los distintos proyectos nacionales.

Otro aporte atinado es el de señalar los inconvenientes de una política personalizada en desmedro de las plataformas de los partidos: «sólo las doctrinas, las buenas doctrinas, no los hombres, pueden dar al país garantías de orden y de paz...». La frase anticipaba, ya entonces, una de las dificultades que afron-

---

con énfasis por Echeverría en un apéndice que añade al libro cuando ya estaba en la imprenta.

tará el juego sociopolítico argentino, y latinoamericano, hasta nuestros días.

Las *Cartas a de Angelis,* sobre todo la segunda, menos personal y más doctrinaria, además de ser modelo de prosa combativa, aportan puntualizaciones útiles en ese afán de no extraviarse de la realidad: «ser grande en política —insiste Echeverría— no es estar a la altura de la civilización del mundo sino a la altura de las necesidades de un país». En esta dirección señala la oportunidad de rescatar las células municipales, los antiguos Cabildos, como «focos de la vida intelectual, moral y material de la sociedad argentina». Advierte también, con una sensibilidad propia de la era de la semiótica más que de la suya, sobre la polisemia de la palabra «república», de la que se apropian tanto los demócratas como los tiranos; «este abuso de las palabras —dice textualmente— es una de las causas que ha contribuido al trastorno y confusión de las ideas en la América del Sud». La obsesión del literato por el lenguaje enriquece el análisis político.

Pero ese eclecticismo y ese realismo político son también responsables de indefendibles contradicciones. En un defensor de la igualdad y la democracia, y en un conocedor de las trampas del lenguaje, es inadmisible la arbitraria distinción semántica e ideológica entre «pueblo» (bueno) y «proletariado» o «muchedumbres» (malos), a quienes se «dio el sufragio y la lanza —según palabras textuales de la segunda *Carta a de Angelis*— para que entronizasen a caudillos y tiranos». No es tampoco coherente, en un defensor de la civilidad y la libertad, la crítica a los unitarios por seguir «las vías legales» (que, paradójicamente, no siempre siguieron) y que, según Echeverría,

> les ató las manos para gobernar y reprimir a los facciosos que ani quilaron su obra. La legalidad —continúa—, no es arma para batir a esta gente en países como los nuestros (...) La moral y la justicia lo aplauden, la política lo silba y lo condenará la historia.

Cuando aparece el *Dogma,* su autor tiene el propósito de estructurar su pensamiento político en un libro orgánico. Ese año anticipa el título, *La democracia en el Plata,* y, temiendo que su mala salud le impida realizarlo, designa a Alberdi para reemplazarlo en la tarea. Aunque este libro nunca se concreta, es indudable que el pensamiento de Echeverría influye en las *Bases y puntos de partida para la organización política de la República Argentina* (1852), fundamento y génesis de la Constitución Nacional de 1853. Como escribe Palcos, «un hilo sutil vincula el *Dogma Socialista* con las *Bases*, y otro, muy notorio, a las *Bases* con nuestra Carta Magna».

Desterrado, pobre, enfermo y olvidado, el poeta encarna todas las fatalidades «románticas», («la desgracia está de moda», decía Mariquita Sánchez); a la dolencia cardiaca se suma una tisis que completa el arquetipo. Consciente de su situación le escribe a su amigo Andrés Lamas (carta del 13 de enero de 1846):

> Conozco, siento que esta vida que he deshilvanado, se me va. Me ha faltado estímulo, y sobre todo, reposo de ánimo. Ahora que mi sangre empieza a detenerse, me falta salud...

Compensa, no obstante, las carencias con el empeño; sigue escribiendo y preocupado con igual interés por la política. Obsesionado por su país, no reduce, sin embargo, sus miras a lo local; siempre atento a lo que pasa en Europa, analiza la llegada de la Segunda República Francesa en un ensayo inconcluso, *La Revolución de Febrero en Francia*, que aparece en 1848 en *El Conservador* de Montevideo.

Para el hombre que escribe empecinadamente y amontona los ásperos papeles «en un cajón como en un féretro» —según testimonio de Mitre citado por Arrieta— el año 1849 resulta, en cierto modo, halagüeño, porque edita tres poemas importantes: la *Insurrección del Sud*, comenzado en Los Talas con el «grito de Dolores» (octubre de 1839) y concluido en Montevideo en 1847, aparece en *El Comercio del Plata* el 28 de enero; *Avellaneda*, inspirado en los acontecimientos de Famaillá de 1841, es publicado en septiembre; y *La guitarra*, escrito en 1842, es recogido en el *Correo de Ultramar* de París el 15 de diciembre. Intenta por esta época, pero sin lograrlo, completar con *Pandemonio*, ideado en 1846, el tríptico compuesto por *La guitarra* y *El ángel caído*. Busca en la poesía un refugio, una compensación para el desaliento político:

> ...nada de política: estoy empachado con ella —escribe en carta del 23 de junio de ese año a J. B. Alberdi—. Me da náuseas cuanto veo y oigo. No es poco alivio poder distraerse, apartar la vista de tanta inmundicia y sangre, haciendo excursiones poéticas. Después de haber renunciado por tanto tiempo a la poesía, estoy casi tentado por desahogo, por desesperación, por no sé qué (...) a engolfarme todo entero en ese mundo ideal...

El interés, cada vez mayor, por la educación de los jóvenes (preocupación prioritaria, a su vez, de toda la generación), culmina con su participación como miembro del primer Consejo de la Universidad Nacional de Montevideo en 1849. Pero en agosto del año siguiente debe pedir la baja por el empeoramiento de su siempre precaria salud. El declive es ya irreversible aunque su ánimo e iniciativa no claudican. Cuando ya no puede escribir, dicta algunas cartas a Valentín Cardozo, que lo ayuda en esos días. Finalmente, y para coronación de esa adversidad «romántica», muere poco antes del pronunciamiento de Urquiza, sin ver cumplido el proyecto al que había consagrado su vida y su poesía.

Prácticamente toda su obra inédita (en su mayor parte bosquejada, fragmentaria, inconclusa) fue recopilada y ordenada por su devoto amigo y biógrafo Juan María Gutiérrez que la incluye en las *Obras completas* editadas, en cinco volúmenes, en Buenos Aires entre 1870 y 1874. Allí se recogen, entre otros escritos, *Peregrinaje de Gualpo*, una prosa autobiográfica probablemente ideada en París y escrita a su regreso, en Buenos Aires; *Cartas a un amigo*, sus primeros ejercicios literarios, fechados hacia 1822-1823, en los que se nota la particular sensibilidad para advertir el paisaje pampeano; *Apología del matambre* y *Mefistófeles*, prosas costumbristas y humorísticas de escasa relevancia; y seis apuntes sobre literatura reunidos por el biógrafo con el título de *Fondo y forma en las obras de imaginación*, que tienen el interés de reflejar los puntos de vista estéticos del autor, tanto en la selección de ideas ajenas (que copia, sin citar, puesto que se trata de sus fichas personales) como en las reflexiones propias.

En esta última década dura de su vida, la actividad de Echeverría se vuelca en distintos frentes: literatura, política, educación primaria y de la juventud, instituciones culturales, universidad, etc. Quiere abarcar todas las ramas de la cultura porque conoce y es fiel a su papel de iniciador. Poco importan los préstamos, no interesa tampoco su medianía en algunos temas particulares, lo notable es su capacidad de despertar, inquietar, impulsar en distintas direcciones. Además de ser un propulsor de iniciativas múltiples es un gran imaginador, un realizador de utopías que consigue pensar una nación y fijarla en su literatura. Su proyecto político se cumple en la orientación ideológica de la Constitución del 53 y en la acción de gobierno de sus compañeros de generación que dirigirán el país hasta fines del siglo; dos de ellos, Sarmiento y Mitre, llegarán a ser presidentes.

En este trabajo, sin embargo, más que juzgar los aciertos o desaciertos de su pensamiento político, corresponde señalar que las líneas literarias que inicia, a veces vacilantes o, inclusive, con torpeza, son la cantera de la literatura del país. Se puede comprobar que muchas de las tendencias, los temas, las obsesiones, desplegados más tarde, están, en embrión, en su obra, indudablemente fundante y fundamental para la literatura argentina.

La cautiva

La crítica ha coincidido en resaltar *La cautiva* dentro del conjunto de la obra poética de Echeverría. Cuando, aún inédita, Gutiérrez leyó algunos fragmentos en el Salón Literario, la acogida, por parte de los jóvenes intelectuales porteños, fue clamorosa, y también lo fue la de la crítica en el momento de su edición, en septiembre de 1837[15]. Esta circunstancia merece atención porque significa que el poema daba respuesta a una necesidad de la época. Sin embargo, pasado el tiempo, superados los primeros entusiamos incondicionales, separado el autor (su personalidad carismática) de la obra, conviene preguntarse desapasionadamente por su lugar en la literatura. Desde el punto de vista histórico, es indudable el protagonismo de Echeverría como mentor de un movimiento político-cultural en el Río de la Plata y el papel de su obra no sólo como introductora del romanticismo en América, sino como agente de la adecuación de este movimiento a un nuevo mundo marcado por la contradicción. En este sentido, *La cautiva* tiene un lugar de preferencia: es uno de los primeros poemas que vuelve su

---

[15] Gutiérrez hizo un comentario definitivo en *El Diario de la Tarde* (que fue glosado luego por *El Tiempo* de Cádiz en su núm. 625). Juan Cruz y Florencio Varela, aunque fieles al neoclasicismo, lo alaban sin reticencias. Bartolomé Mitre, que sólo tenía dieciséis años, da sus primeros pasos como crítico con un artículo en el *Defensor de las Leyes* de Montevideo. Se agota media edición en Cádiz donde, según Menéndez Pelayo, se reedita el libro (dato puesto en duda por Antonio Lorente en su edición crítica de las *Rimas,* Madrid, Editora Nacional, 1984, nota 37, pág. 26). Para mayor éxito se reimprime en Buenos Aires en 1846, en plena tiranía, cuando su autor estaba exiliado en Montevideo, y hay inclusive una precoz traducción al alemán en 1861.

mirada al escenario nacional y, sobre todo, lo hace con una renovación formal que intenta corresponder a la realidad que describe. Sería ingenuo. sin embargo, desconocer, al lado de los innegables aciertos, lo; ripios y la falta de rigor poético que, en algunos casos, devalúan el resultado. Algunos pasajes del poema parecen nacidos, más que de una necesidad intrínseca, de la tenacidad de su autor, que adjudica a la poesía una misión superior dentro de las disciplinas del espíritu y una trascendencia casi religiosa:

> La poesía es lo más sublime que hay en la esfera de la inteligencia humana (...) El universo entero es su dominio —escribe Echeverría en sus papeles personales—. Ella se ampara de lo más íntimo y noble que hay en el corazón humano, de lo más grande y elevado, y lo expresa revestido de su mágico y brillante colorido (...) Habla con las esencias divinas y llega hasta contemplar de frente el trono y las glorias de Jehová (t. V, página 441).

Con esta concepción de la poesía no es difícil que Echeverría la haya preferido empecinadamente como su medio de expresión. A esto se suma la característica, desarrollada con énfasis por el romanticismo americano, que le adjudica misiones políticas y doctrinarias y que el propio autor difunde y defiende al considerarla un instrumento social. Pero la obstinación de Echeverría responde también al prestigio cívico y al ascendiente moral e intelectual que tiene el poeta en la sociedad de su época y que, recíprocamente, hace de la poesía un respetado y eficaz vehículo de comunicación social, una forma elevada de exponer ideas y de difundir ideología.

Estas consideraciones explican quizás el hecho de que *La cautiva* sólo en algunos cantos, como «El festín» o «La quemazón», y en las descripciones del paisaje pampeano, alcance la intensidad de un gran poema. Como esta apreciación no es original —ya la repitió la crítica en sucesivas ocasiones—, se trata de averiguar por qué y dónde acierta el poema desde el punto de vista literario.

Junto a lo inventado, punto de partida de cualquier ficción, hay en *La cautiva* una novedosa apelación a la situación local. La trágica historia del amor truncado de María y Brian, y la llanura pampeana donde se desarrolla la acción, son datos ligados a la experiencia personal del autor. Tanto el escenario como el tema tienen un referente real, y es posible rastrear en la vida del autor elementos que coinciden con rasgos significativos del poema. «El Desierto inconmesurable, abierto», existe, y es donde se refugiaba el poeta cuando, agobiado por dolores físicos o morales, pasaba algunas temporadas en Los Talas, una estancia que su familia tenía entre Luján y San Andrés de Giles, al noroeste de Buenos Aires. El asunto también se inspira en un incidente real del que Echeverría fue testigo en su adolescencia. En *Cartas a un amigo* cuenta que en una ocasión, mientras paseaba a caballo, tuvo un encuentro fortuito con una pastora (llamada significativamente María, como la heroína del poema), a la que ayudó a arrear el ganado. Ella le contó que vivía sola con su madre, y que estaba afligida porque su hermano y su novio se habían marchado a la frontera a luchar contra los indios. Conmovido por la historia, ya de regreso en Buenos Aires, trató de ayudarlas por medio de un amigo vinculado a la Secretaría de Guerra, para procurar que dieran la baja a los dos hombres, único sustento y compañía de estas mujeres, pero se enteró de que habían muerto:

> El escuadrón de milicianos donde estaban incorporados el hermano y el novio de María ha sido destruido completamente por un enjambre de indios que los sorprendió al amanecer (...) El hermano y el novio de María murieron en la refriega peleando valerosamente. María ha perdido la razón y su infeliz madre llora sobre el cadáver del único apoyo de su vejez y sobre el infortunio de su única compañera en medio del desierto (t. V, pág. 53).

La base real de los hechos es confirmada por la actitud práctica de Echeverría que cierra la carta con estas palabras:

Les he enviado un socorro de dinero, ya que no me es dado dar ningún consuelo a esas desgraciadas.

En la legalidad de la ficción, importa poco que haya o no un soporte ajeno a la creación misma, pero el hecho de poder probar, en este caso, la existencia de ese antecedente, es relevante porque engarza directamente con una de las características del credo romántico: que la obra nazca comprometida con el medio social y físico en el que se gesta. Este postulado, seguido con audacia en *La cautiva,* es sin duda su mayor acierto porque resulta ser el elemento decisivo de su carácter innovador en la literatura del Río de la Plata.

El tema del amor romántico

Un tema típicamente romántico es el de las peripecias de una pareja de enamorados que atraviesa una serie de circunstancias adversas hasta desembocar en un final infeliz. Esta es la historia de *La cautiva:* Brian, el guerrero reputado por su valor y destreza, es apresado por los indios; María, su enamorada, lo libera y huyen juntos por el gran desierto de la pampa que se convierte, para la pareja, en el verdadero cautiverio. A la escena del «cautivo» estaqueado y maniatado por los indios (Brian), le sucede la de la «cautiva»; porque María, que con su puñal y arrojo supo deshacerse de *Loncoy,* el altivo cacique, cae sin darse cuenta en un más peligroso cautiverio: la cárcel sin límites del desierto con su naturaleza hostil, agravada por la carga que significa bregar con un amante desmayado física y moralmente. Una prisión más insalvable que la de los indios.

María es el eje de la historia, pero el texto, más que mostrarla como víctima del malón (imagen que ilustra la portada del libro en diversas ediciones) se explaya en el doble cautiverio que significan el desierto y Brian, este último como encarnación de la adversidad del amor romántico. En torno a estos dos temas se estructura el poema: por un lado, la pampa infinita, paradójica prisión de los amantes; por otro, el amor hiperbólico del romanticismo en el que los seres están más enamorados de la idea de amor que del amante de carne y hueso, sustento secundario del ideal sublime.

Este enamoramiento del ideal en desmedro del amante concreto es lo único que explica (y que justifica, en la moral interna del relato) los delirantes y absurdos escrúpulos de Brian, cuando rechaza a la valerosa María, que ha enfrentado mil y un peligros para liberarlo, porque la supone vejada por el indio y, por lo tanto, indigna de su amor (ver III, vs. 189-196).

Echeverría da repetidos testimonios de una subestimación explícita de la mujer[16], que también se expresa, en ocasiones, como una idealización exagerada *(tímida doncella, ángel, mujer sublime,* etc.), acorde, por otra parte, con los prejuicios vigentes en su época. Sin embargo, en este poema se aparta de la heroína romántica convencional, generalmente pasiva y dependiente del varón, y hace que sea precisamente una mujer el personaje fuerte, el que soporta las peripecias de la acción. Frente a ella está Brian, el héroe desvalido, caracterizado no tanto por el recuerdo de un pasado heroico, como por un presente de inactividad y de renuncias. Pero esa mujer responde lógicamente al arquetipo romántico, no vale por sí misma, su coraje proviene del sentimiento que la asiste: el amor omnipotente que la desborda y que, cuando desaparece, es causa de su muerte.

LA NATURALEZA COMO PROTAGONISTA

Hay sin duda una complicidad del hombre con su terruño —el paisaje que conoce y quiere entrañablemente— que el poeta reelabora y convierte en el escenario de las desventuras de sus personajes. Pero la esquemática psicología que apenas

[16] En *Cartas a un amigo* (10 de febrero de 1823) opina: «A las mujeres se les puede tolerar esta pequeña extravagancia (se refiere a la vanidad, insoportable en el hombre) anexa a la debilidad de su sexo, porque en cambio poseen la gracia, la belleza y ese deslumbrante atractivo, gloria y tormento de nuestros corazones. Pero a los hombres, no, porque el hombre nació para más alto fin, para pensamientos más nobles y elevados.» En una carta a Gutiérrez (5 de julio de 1836) en la que se queja de las desventajas de la reputación, confiesa: «...las mujeres ¡Dios mío!, lo más vano y quebradizo, me persiguen...».

los anima y la pobreza de las acciones, encauzadas hacia un determinismo previsible, convierten a estas criaturas en mínimos perfiles que sirven de pretexto para destacar el escenario en el que se mueven: esa naturaleza misteriosa y contradictoria, apacible o aterradora y siempre inquietante, verdadera protagonista del poema.

No es casual, entonces, que sea en las descripciones de la naturaleza donde el poema alcanza sus mejores logros. «La quemazón», «El pajonal», «El festín» son, en este sentido, los capítulos con mayores aciertos poéticos. Tiene cierta gracia ingenua el recurso de incorporar a la metáfora elementos del paisaje rural al que ella misma alude: el gran incendio de los pajonales, visto como las crines de un caballo desbocado (VII, vs. 92-94), o las asociaciones del fuego que cunde por el campo con gestos o atributos animales —«como culebra serpeando» (v. 90), «alza la cresta furioso / mar de fuego devorante» (vs. 117-118) «y su formidable cresta / sacude enrosca y enhiesta / la terrible quemazón» (VII, vs. 180-182)—, consiguen crear movimiento y una atmósfera de vitalidad salvaje que, aunque no es inédita, se resuelve en beneficio del poema.

En otro momento se destaca la rica complejidad de un tropo múltiple que representa a las llamas:

> como lenguas inflamadas
> o melenas encrespadas
> de ardiente, agitado mar
>
> (vs. 18-20)

En esta triple figura el adjetivo «encrespada» califica a «melenas» pero también se asocia, por simpatía semántica, con la palabra «mar», sirviendo de nexo relacionante entre la metáfora («mar») y la comparación («melenas»), conectada esta última a su vez, por disyunción, con la primera comparación («lenguas inflamadas»). La vivisección de estos tres versos, a la que hay que perdonar su pesada minuciosidad, no tiene otro objeto que el de demostrar una voluntad de estilo que, en casos como éste, llega a cuajar en un buen nivel poético.

El ritmo del verso es otro elemento tenido en cuenta a la

hora de describir la naturaleza. En sus reflexiones sobre arte y literatura Echeverría opina:

> instrumento del arte, debe (el ritmo) en manos del poeta armonizar con la inspiración y ajustar sus compases a la variada ondulación de los afectos: de aquí la necesidad a veces de variar de metro para expresar con más energía, para precipitar o retener la voz, para dar, por decirlo así, al canto las entonaciones conformes al efecto que se intenta producir (t. V, pág. 120).

Lleva a la práctica estos postulados en el mismo pasaje del incendio (VII, vs. 52-60), cuando pasa del octosílabo, usado en casi todo el poema, al hexasílabo, cuyo compás más breve y picado acompaña, en tiempo rápido, el avance crepitante de la quemazón, corporeizada en un animal.

A estos pasajes pertenecen también la mayoría de los hallazgos formales que elevan el nivel del canto. Llama la atención, por ejemplo, aquella catacresis «cruje el agua, y suavemente...» (VII, v. 149) que describe la entrada de María en el arroyo con Brian en brazos. O la calificación del «fuego colorado» (VI, v. 96) que, por directa, adquiere hoy —como señala Carlos Mastronardi— una renovada originalidad[17].

El regodeo en cierto feísmo —pantanos putrefactos y hediondos, alimañas repugnantes, imágenes cruentas como la del indio que degüella una yegua para beberle la sangre (II, v. 64)— coincide con un aspecto macabro del romanticismo; pero el impacto y los contrastes que esas descripciones crean en el poema permiten interpretarlas como anticipaciones de un nuevo estilo: el realismo naturalista que por esa época también estaba sólo en gestación en Europa. La descripción sin eufemismos del pantano donde Brian y María van a buscar refugio pero no encuentran sino «feos, inmundos despojos de la muerte», coincide casi textualmente (idénticas observaciones y

---

[17] Mastronardi, Carlos, en prólogo, notas y comentario a *La cautiva. El matadero*, Buenos Aires, Atlántida, 1972, pág. 19, escribe: «También comporta una sorpresa, por lo menos para nuestra época y nuestros gustos, el verso que presenta aquel *fuego colorado* ("La espera"). A la vuelta de los años, después de haber ensayado tantos sinónimos, el sencillo y popular *colorado* adquiere notoria eficacia y cobra nueva vigencia.»

hasta palabras) con la que hace Echeverría de una charca a la que se acercó en busca de agua mientras daba un paseo en Los Talas, recogida en las prosas tempranas de *Cartas a un amigo*:

> Hoy cansado de galopar y sediento, detuve la rienda de mi caballo a la orilla de una laguna poblada de espadaña y juncos. El sol, flameando en el mediodía abrasaba la tierra (...) Sofocado de fatiga y de sed acerquéme a tomar un poco de agua; pero vi con sorpresa multitud de peces flotando como muertos sobre la faz cenagosa de la laguna . Un olor corrompido hirió mi olfato, y ya no fue posible refrigerar mi cuerpo inflamado, ni humedecer mi seca garganta. Hacía como un mes que no llovía, las aguas estancadas se habían evaporado poco a poco con los rayos ardientes del sol, y todos los habitantes que contenía habían perecido. Varios nidos de chajaes y cuervos, como columnas de paja, flotaban aún sobre aquella agua cenagosa (...) Aproximéme a uno de aquellos nidos y lo vi cubierto de polluelos de cuervo (...) Tomé uno en mi mano; comencé a halagarlo y vi con horror que vomitó de su cuerpo un sapo, una víbora y un huevo de perdiz. Soltélo al punto con asco y me retiré precipitado de aquel lodazal inmundo de la muerte.

La comparación del poema (ver V, vs. 32-61) con la carta citada ratifica el olfato del poeta que intuye una nueva sensibilidad; sin embargo, su capacidad para saber leer los signos literarios de su época no va siempre acompañada de parecidos aciertos en los resultados. El desequilibrio entre la intuición del precursor y la calidad de sus creaciones poéticas es apreciable en estos versos que se alejan de la prosa eficaz de aquella carta al tratar el mismo tema.

LA PAMPA COMO CAUTIVERIO

Los rasgos naturalistas no son sino elementos aislados que se integran en un poema típicamente romántico. La naturaleza, hostil o acogedora, acompaña generalmente el estado de ánimo de los personajes. El propio Echeverría percibe el paisaje como confidente; esta característica será luego trasladada a la poesía. En sus papeles personales escribe: «Los vientos duermen y mi corazón participa de este halagüeño reposo de la naturaleza»; en otras páginas confiesa querer «...ir a contar a la luna silenciosa y a las estrelllas la angustia de mi corazón» (*Cartas a un amigo,* 5 de enero y 10 de febrero de 1823).

Aquella pampa infinita, lugar real de gozo y remanso de Echeverría, es el escenario recreado para instalar a sus criaturas. Pero como la naturaleza participa de los sentimientos humanos, ese escenario se va transformando a medida que varía la fortuna o el ánimo de los personajes. En un primer momento es hospitalario; la aurora será «más bella y consoladora» porque comparte las esperanzas de los amantes y las brumas nocturnas prometen ayudarlos. Pero en cuanto se internan en el desierto, todos los elementos conspiran. Primero llega la amenaza de la quemazón a la que se suma el tigre con «presagios fatales de infortunio», luego se suceden las aves de rapiña, el sol ardiente o la noche fría y tenebrosa con nuevos riesgos y rigores. Resulta entonces que el indio no es el único ni el peor enemigo sino uno más entre tantos que esconde el desierto, otro dato de su naturaleza devastadora.

La pampa abierta, que en una primera instancia significó la única posibilidad de liberación, se convierte muy pronto en el más definitivo cautiverio. La prisión de los salvajes, aunque dura, fue vulnerable; pero la furia de los elementos es más potente, y su acoso, invencible. Este segundo y más implacable cautiverio está explícito en el texto, que mantiene el nombre de «cautivos» para referirse a la pareja cuando ya dejó atrás la toldería india. Es así cómo la naturaleza en su relación con los protagonistas asume un rol de fatalidad, de destino insoslayable, marcadamente romántico; y en el drama interno del poema significa finalmente lo infranqueable, que da un sentido más profundo y abarcador al título.

Aspectos formales

Una de las direcciones de la rebelión romántica consistió en no respetar las rígidas clasificaciones de la preceptiva clásica (y neoclásica) que separaban nítidamente la poesía popular de la culta, asignando a esta última los metros de largo aliento, generalmente de arte mayor, que cantaban los temas heroicos y elevados, y dejando a la primera los metros populares para los temas vulgares o toscos. Como reacción, la escuela romántica se proponía acortar las distancias entre ambos tipos de poesía y usar los géneros con mayor libertad. En la selección de *La cautiva* predominan los metros de arte menor, octosílabos, hexasílabos y sus combinaciones en décimas, romances y sextinas. Sobre la elección del octosílabo, el propio autor, en tercera persona, explica en la «Advertencia» que:

> ...un día se apasionó de él, a pesar del descrédito a que lo habían reducido los copleros, por parecerle uno de los más hermosos y flexibles de nuestro idioma; y quiso hacerle recobrar el lustre de que gozaba en los más floridos tiempos de la poesía castellana, aplicándolo a la expresión de ideas elevadas y de profundos afectos (t. V, pág. 148).

La preferencia deliberada por metros de poco prestigio en la época, se corresponde muy bien con el tema, igualmente desprestigiado, del indio, los malones, la frontera y la arisca pampa en la que los intelectuales no habían reparado porque comenzaba tan sólo a pocos kilómetros de la última esquina de Buenos Aires.

Los nueve cantos y el epílogo, que forman la organización externa del poema, se asientan en una estructura lineal que sigue al esquema clásico de presentación, nudo y desenlace. Primero se describe el paisaje («El desierto») y se crea la atmósfera («El festín») que incluye el planteamiento del problema (el cautiverio). Los cantos siguientes desarrollan una tensión *in crescendo* que comienza con los peligros de la liberación del cautiverio indígena («El puñal») y aumenta con cada uno de los nuevos riesgos que presenta sucesivamente el inhóspito desierto («El pajonal», «La espera», «La quemazón»). El clímax está dado por la muerte de Brian. Sigue una distensión parcial, fundada en el peregrinaje extraviado de María, que vuelve a remontar en una especie de segundo desenlace, la muerte de la heroína, al que sobreviene la distensión final del epílogo. Según esta estructura, corresponden a la presentación los mejores cantos. Ya ha sido señalado en este análisis el valor que tiene la inclusión del ambiente americano. Luego de describir el paisaje, el autor crea la atmósfera que va a incidir sobre las acciones y acontecimientos. Lo hace magistralmente en «El festín», cuadro grotesco de un curioso expresionismo que anticipa decididamente los tonos subidos de *El matadero*.

En este canto se destaca también el juego temporal en la estructuración del relato. En un momento dado se detiene la descripción de los festejos con que los indios celebran las ganancias del malón y, con un movimiento de *flash-back*, se introduce una secuencia que actualiza una acción ya pasada: la entrada de Brian en el combate con los indios. Esta interpolación retrospectiva inaugura, por otra parte, el conflicto del antagonismo entre los indios y Brian, que será la causa de las futuras acciones. El fragmento se articula sin brusquedad y respeta el hilo temático del canto. Por medio de una primera estrofa-bisagra, que transcribe un himno de guerra indígena (II, 143-148), se conectan los cantos bélicos de la fiesta (presente de la narración) con los gritos de guerra del malón que alertaron al caudillo blanco y lo pusieron en acción (pasado de la narración). Idéntica articulación se realiza entre los últimos versos de la interpolación, que exhortan a llorar por Chañil, el indio valiente muerto por Brian (pasado de la narración), y el tono plañidero con el que recomienza el romance cuando, en pleno festín, los indios lloran a sus muertos en la lucha (presente de la narración). El movimiento temporal está acompañado por una variedad formal que elige el romance (sin estrofas que interpongan límites) para la larga narración descriptiva del festín presente, y formas estróficas para la interpolación de la acción pasada.

En otras ocasiones, sin embargo, se extraña esta habilidad del escritor. Es lamentable, por ejemplo, que el momento culminante de la acción principal, centrado en la muerte de Brian, se malogre por la larga parrafada con que el héroe moribundo se despide de su amada; en lugar de crear suspenso, distrae y debilita la necesaria tensión. El comienzo casi agónico de la despedida de Brian, que se dirige a su mujer «con voz débil», no concuerda con los setenta versos que despliegan su postrer mensaje, ni con los acentos encendidos, ni con la arenga patriótica.

Estos desniveles dentro de una misma obra llevan a reflexionar sobre sus causas para intentar una posible explicación. Se sabe, por sus propias palabras, que «El principal designio del autor de *La cautiva* ha sido pintar algunos rasgos de la fisonomía poética del desierto; y para no reducir su obra a una mera descripción, ha colocado, en las vastas soledades de la pampa, dos seres ideales, o dos almas unidas por el doble vínculo del amor y el infortunio» («Advertencia», t. V, página 143), Se sabe también que la crítica ha coincidido en señalar los pasajes en los que describe la naturaleza como los mejores de su autor. De los textos surge una complicidad con el terruño; esa pampa como el mar, con eco de indios y malones, a la que se abre la propiedad familiar de Los Talas como un umbral privilegiado. A su faceta de hombre contemplativo se suman la del ideólogo obsesionado por su país y la del político empeñado en la *regeneración social*. Llama la atención entonces que cuando describe aquello que ideológicamente desprecia o condena —la ferocidad del desierto, la barbarie de sus habitantes— su experiencia de escritor adquiere fuerza, riesgo y pericia. Por el contrario, cuanto toca el turno a su pasión política y a los ideales sociales con los que comulga (idea de patria, valores del soldado, glorias de Mayo), el verso se acartona y endurece y la poesía se resiente. Más adelante se verá cómo este fenómeno se acentúa en *El matadero*. De estas consideraciones podría deducirse que en la dicotomía entre la patria idealizada y la geografía tumultuosa del país real hay una contradicción que interioriza el poeta; racional y conscientemente opta por la primera y se impone voluntariosamente la tarea de reflejarla en el poema, pero afectiva y subconscientemente elige, o es elegido, por la segunda, la que su subjetividad rescata con más ímpetu y mejores versos.

Detalle del *Matadero de Buenos Aires* (de la litografía de Dulin, 1860).

El matadero

«Hay —dice Borges— escritores que perduran en la historia de la literatura; otros, los menos, en la propia literatura. Echeverría corresponde a ambas categorías.» Si es lícito interpretar la distinción de Borges, me atrevo a opinar que *La cautiva* consigue un sitio preeminente en la historia de las letras hispanoamericanas mientras que *El matadero* ocupa un lugar en la propia literatura.

Los méritos externos de *La cautiva* (introductora y aclimatadora de un movimiento) y sus innegables aciertos internos (el descubrimiento de la pampa y la vigorosa descripción de sus habitantes y su paisaje) prefiguran tanto la desmesura de algunas visiones como la fuerza narrativa que desplegará *El matadero*. Pero esta narración va más allá, no sólo se anticipa a su época en varios aspectos, sino que inaugura —y esto es fundamental— líneas claves que luego desarrollará la literatura argentina hasta nuestros días. Hay en ella algo así como los núcleos neurálgicos —a veces apenas insinuados, otras, planteados abiertamente— de los temas, el lenguaje, los personajes, el ambiente y los conflictos que obsesionarán a muchos de los escritores argentinos más representativos. Este papel fundacional, que luego cuajará en distintas líneas y tendencias y, sobre todo, en libros fundamentales, se suma al mérito principal de *El matadero*: describir las posibilidades estéticas de un rincón del suburbio bonaerense, su atmósfera cargada de violencia, la lengua irreverente de sus actores.

De la reducida ciudad decimonónica de 65.000 almas, Echeverría elige la franja limítrofe del suburbio, a medio camino entre lo rural y lo urbano. El matadero y su contexto es la síntesis de esa frontera, vértice de unión, o mejor dicho de conflicto, entre los ecos ciudadanos de «La Gran Aldea» y el «campo desaforado» que comenzaba allí mismo, en los últimos recodos de las calles porteñas.

Las ciudades argentinas de la época (hacia 1840), pretenciosas y adelantadas en muchos aspectos, no habían podido superar, sin embargo, uno de los estigmas de su nacimiento, cuando fueron fundadas como islas pobladas rodeadas del campo aparentemente infinito y deshabitado. Era, por lo tanto, imposible que este entorno rural abrumador no se hiciera sentir —no impusiera su presencia— en aquellos reductos casi inverosímiles de la urbanidad.

El refinamiento afrancesado, potenciado por la etapa rivadaviana, en el que se confundía cierto esnobismo con los más auténticos ideales liberales y patrióticos, se aislaba en las casas señoriales del centro de la ciudad, pero hasta sus mismas puertas llegaban el barro, el tierral y los olores bastos de la campaña. Así es como los alardes exquisitos de la élite porteña, pendiente no sólo de las ideas sino hasta de la moda de París, conviven con las costumbres ásperas de gauchos, mulatos y negros que entran en la ciudad como personal de servicio y proveedores de su abastecimiento cotidiano: aguateros, troperos y marchantas, lecheros, leñateros y caballerizos. Como bien lo destacan Borges y Bioy Casares, «a mediados del siglo xix el gaucho no era en estas repúblicas (se refieren a Argentina y Uruguay) un personaje exótico; lo difícil, acaso lo imposible, era no conocerlo».

El primer acierto de Echeverría es la elección de este ambiente marginal que, por muy próximo y desprestigiado, era ignorado por sus contemporáneos. Los pintores, aguafuertistas y dibujantes, así como los testimonios de viajeros extranjeros, dieron cuenta, antes que los literatos rioplatenses, de estos lugares duros del suburbio. Hay al menos dos razones que explican esta indiferencia. Por una parte, la costumbre y la falta de perspectiva hacen que hombres lúcidos no tomen en cuenta esos ambientes como materia literaria porque integran el círculo de la fealdad cotidiana que no interesa y que, por el contrario, molesta. Entonces buscan el referente de sus escritos en las escenas y polémicas menos heterodoxas del centro de la ciudad. Por otra parte, como lo señala J. C. Ghiano, la mugre y la miseria son desechadas por los costumbristas, tanto argentinos como españoles, porque se limitan al ambiente de clase media, acorde con el de sus lectores.

La elección de Echeverría de «aquel lugar *sui generis* de nuestros suburbios» —como lo califica Gutiérrez en su prólogo— es, para la época, audaz. Lo corrobora la necesidad que demuestra el mismo Gutiérrez de prevenir al lector con una interpretación ejemplificadora o moralizante sobre las escenas del cuento «escrito para ofrecerlas alguna vez, con toda su fealdad, ante aquellos que están llamados a influir en la mejora de las costumbres».

El estupor de Gutiérrez, que por otra parte acierta en otras muchas observaciones, sobre todo al rescatar y publicar por primera vez el cuento, es comprensible y hasta lógico. Catorce años más tarde de la publicación de *El matadero* (1871) y, por lo tanto, casi medio siglo después de su redacción (1839-1840), en plena etapa naturalista, la incomprensión y las diatribas eran todavía la moneda corriente con que se recibían los pasajes truculentos o subidos de tono. «Corrompido, escéptico, degradado» son, por ejemplo, algunos de los calificativos que se le asignan a Eugenio Cambaceres cuando publica *Sin rumbo* en 1885.

Cabe preguntarse si el mismo Echeverría no estuvo confundido en su momento por la precocidad de su propia creación. El hecho de no haberla publicado en vida hace sospechar que quizás tenía reservas o inseguridades literarias; una impresión, si no devaluada, al menos recortada, próxima a la de su amigo.

Evidentemente Echeverría tenía un conocimiento directo —ingenuamente atribuido por Gutiérrez a *la casualidad y la desgracia*— de esos ambientes que seguramente frecuentó en su juventud, en incursiones secretas por suburbios y andurriales.

Pero ese mundo cargado, que lo atrajo y que registró minuciosamente, no representa sino una de las caras —la más fuerte, densa y empastada— de la ciudad familiar. Sólo será descubierto como materia literaria después de su viaje a Francia, cuando la comparación, la toma de distancia y quizás también la desmitificación de lo europeo, lo impulsan a buscar en su propia tierra la originalidad. Originalidad que encuentra justamente en un lodazal sanguinolento donde reinan la grosería y la violencia; es decir, todo aquello que repele a su ideario estético. De esta fricción contradictoria entre una realidad brutal que se le impone como una fuerza visceral y ciega y el deber ser establecido desde fuera, al que responde intelectualmente, surge la tensión de *El matadero*. Las mejores páginas de su prosa —y de su obra total— tienen una génesis semejante a la de «El festín», el mejor capítulo de su poesía. Aquellos hechos más toscos o truculentos que quiere anatematizar Echeverría, son los que, trasladados a la ficción, condensan mayores excelencias literarias. Esta idea, fundamental en la interpretación del cuento, la desarrolla Noé Jitrik en su ensayo sobre «Forma y significación en *El matadero*» y puede ser resumida con las propias palabras del crítico como «el conflicto (...) entre un mundo fáctico, de acción, que ejerce una fascinación rechazada y un mundo cultural que se trata de levantar ineficazmente».

El tema: civilización y barbarie

Si la elección del ambiente fue un acierto porque selecciona un punto clave —el límite inestable— de la peculiar geopolítica sudamericana, definida por Alberdi como «un desierto por regla, poblado por excepción», no es menos acertada la elección del asunto. El conflicto entre *civilización* y *barbarie* — recurrente en la posterior literatura argentina—, ya está presente en el drama romántico de Echeverría. El joven unitario, que encarna la urbanidad civilizada, es maltratado y muerto por la «chusma» mataderil, representativa de la brutalidad rural que invade la ciudad y sofoca su desarrollo. «El siglo XIX y el siglo XII viven juntos; el uno dentro de las ciudades, el otro en las campañas» escribe Sarmiento en *Facundo,* para concluir con desánimo «Así pues, la civilización es del todo irrealizable, la barbarie es normal...». El escepticismo, inconcebible en la arrolladora personalidad del sanjuanino, está también en *El matadero,* en el que finalmente el unitario, símbolo de lo civilizado, muere ante la mirada impávida de quienes aparecen como las verdaderas víctimas de la estupidez y la ignorancia.

Pero en la propuesta de Echeverría hay un paso más adelante que complica y enriquece el planteamiento. La fricción se traslada a la propia ciudad, entre su élite cultivada (el unitario) y su arrabal miserable y violento (el matadero). En una lectura crítica del *Facundo,* y con afán de aproximar la tesis de su autor a la realidad del país, Juan Bautista Alberdi, su contemporáneo y amigo, corrige la limitación geográfica de la antinomia de Sarmiento y la amplía a conceptos más complejos como los que hoy entendemos por centro y periferia, que no sólo atienden al factor espacial sino también, y sobre todo, al económico, político, étnico, cultural, etc. Demuestra —lo que a partir de la tardía creación del virreinato del Río de la Plata fue ya irreversible— que el progreso se va concentrando en la capital y su zona circundante, favorecido por el puerto, las exportaciones y la inmigración, mientras que el atraso va quedando relegado a las ciudades pobres del interior[18].

El significado de *El matadero* no tiene, lógicamente, esta única interpretación. Por la época de su redacción (1839-1840), su autor ya se había visto obligado a tomar partido; el cuento es un alegato en este sentido y —como escribe Carlos Mastronardi—, una «alegoría del país ensangrentado». Sin embargo estos hechos, aunque atroces, no dejaron de ser

---

[18] Este desequilibrio nacional, que va acentuándose con los años, está reflejado en la literatura argentina hasta el presente. Lo resume uno de sus títulos que describe a Buenos Aires: *La cabeza de Goliat* (1940) de Ezequiel Martínez Estrada; mientras tanto el interior, si se mira desde Buenos Aires, representa algo estático y dormido que tiene que ver con las raíces y la identidad. Es, por ejemplo, para Borges *las crueles provincias* («Poema conjetural»), pero también *un mundo más antiguo y más firme* («El Sur»). Por el contrario, vista desde el interior, Buenos Aires es el ideal de liberación: *La ciudad de los sueños* (1971, Juan José Hernández) imaginada desde la asfixia provinciana. En la obra de Héctor Tizón la contradicción es más dramática porque aparece como irreversible: la provincia significa arraigo, orgullo, austeridad, una serie de valores condenados a desaparecer avasallados por los ecos mercantilistas que llegan desde la capital.

coyunturales para el mismo Echeverría que, al hacer prospectiva política, antepone las exigencias del país a sus propias adhesiones o antipatías del momento. Esa voluntaria equidad, que no es sino una buena disposición para interpretar los hechos «con el ojo clavado en las entrañas de nuestra sociedad», está insinuada, paradójicamente, entre las desmesuras de *El matadero*. Es curioso comprobar que existen elementos (sólo elementos, pero significativos en un contexto tan extremo) que apuntan a esa búsqueda, si no de transigencia, inadmisible en esas páginas, al menos de cierta estima por algunas características del mundo bárbaro (la destreza y el coraje por ejemplo), lo que atenúa el maniqueísmo exagerado del planteamiento.

Por fidelidad a los ideales de Mayo y quizás también por afinidades personales, Echeverría aprobaba seguramente en su fuero interno la restitución del prestigio de los gauchos que, como alega Alberdi, «nunca han sido realistas[19] después de 1810» y, consecuentemente, la revalorización del papel de la campaña en las luchas por la independencia de la que «salió el *poder* que echó a la España, refugiada al fin del coloniaje en las ciudades» (3.ª «Carta quillotana»). Esta reivindicación del campo y del gaucho, en pleno antagonismo con el poder federal que se asentaba justamente en ellos, está en ciernes, aunque parezca contradictorio, en *El matadero*. La rudeza de las acciones y la atrocidad del cuadro, condenadas abiertamente por el narrador, no ocultan, sin embargo, unas insinuaciones de simpatía por la habilidad de jinetes, enlazadores y pialadores y por el coraje del criollo que enfrenta y mata al toro enfurecido.

En estos momentos de admiración por personajes y acciones que desde su punto de vista ideológico —y desde el esquema general del cuento— enjuicia severamente (como ocurre en *La cautiva* con Chañil, el indio valiente), subyace una intención —casi a traición— de reivindicar ciertas virtudes del gauchaje, corrompido —a su juicio— por la demagogia. Por una parte, no olvida su protagonisnmo en la independencia, y por otra, tiene una complicidad afectiva con los secretos y rudezas de la vida campesina que conocía a través de sus frecuentes

---

[19] En las guerras de la independencia americana «realista» significa partidario del rey, o sea, de la causa española.

estadías en Los Talas donde, significativamente, redacta el cuento.

LOS PERSONAJES

En sentido estricto, este cuento no tiene más que dos personajes: el joven unitario y Matasiete; héroes antitéticos en todo sentido, no sólo en su obvia condición de antagonistas, sino también en el resultado dispar de cada uno como creaciones literarias.

Matasiete es el personaje logrado, caracterizado por su propia acción y eficazmente definido por el escueto epíteto —*degollador de unitarios*— con que lo presenta el coro de la comparsa del matadero. Tanto su silencio como su acción —*no hablaba y obraba*—, lo encarnan en una individualidad; como tal personaje lo carga una psicología: es diestro, corajudo, implacable y carismático. Aunque no se describe ni un sólo rasgo físico, es fácil imaginarlo. Ágil, fuerte, impulsivo y algo taimado, sabe imponer respeto dentro de la norma brutal del matadero. Se cumple en él una de las exigencias del cuento moderno de crear personajes con carnadura humana, convincentes. Prefigura dos tipos fundamentales de la literatura posterior: por un lado, el arquetipo urbano del suburbio en sus distintas versiones de guapo, compadrito, orillero o malevo, elevado por el tango a cifra del arrabal porteño; por otro, el gaucho de la pampa, matrero o sedentario, anticipado por la gauchesca de Hidalgo y Ascasubi, que llega a su culminación en 1872 con el *Martín Fierro* de José Hernández.

Su oponente, el joven unitario, es todavía el héroe hiperbólico del romanticismo, un arquetipo al servicio de una idea que neutraliza sus posibilidades como agente del relato. Es significativo el hecho de que no tenga nombre propio, como Matasiete, porque su «yo» es genérico y no alcanza la talla singular del individuo. Frente al actor mudo que se personifica en la acción (Matasiete), el joven unitario no ahorra parrafadas (ni el narrador descripciones y opiniones sobre su persona) consiguiéndose un héroe de cartón piedra, inverosímil como persona y desleído como personaje. Aunque el autor se proponía lo

74

contrario, el lector de hoy no lo ve con simpatía, encuentra engolado su heroísmo y, por lo tanto, le cuesta solidarizarse con su causa —a todas luces justa dentro de la moral interna del relato— porque todo en él es impostación y utilería. La sobreactuación llega a veces al límite; es el caso de sus réplicas que vuelven irrisorio el contrapunto con el bestial juez del matadero y quiebran la necesaria tensión del momento.

—¿Tiemblas? —le dijo el juez.
—De rabia porque no puedo sofocarte entre mis brazos.

La frase parece más el fragmento de un diálogo galante que, como es en realidad, la respuesta temeraria de la víctima al verdugo.

El joven vejado es el mismo héroe desdichado de todos sus poemas; personaje autobiográfico en cierto sentido —el de su autobiografía ideal—, encarna la cara prestigiosa que le hubiese gustado cultivar. Es, por lo tanto, un personaje catártico. En él se acumulan las obsesiones y pesadillas de su autor, que quería ser un intelectual liberal, de buenas maneras, y se encuentra involucrado en el torbellino irracional del Buenos Aires mazorquero. Ante el temor de la persecución política, se refugia en la estancia de Los Talas, antes de exiliarse, pero hasta ahí llegan las noticias del horror de las torturas y los crímenes. Impelido entonces por las circunstancias externas, escribe, como quien expulsa una bilis que lo envena, *El matadero*. El escritor se identifica con el unitario maltratado que «revienta» de orgullo e impotencia; actúa y replica no tanto «como lo habría hecho el noble poeta en situación análoga», según juicio admirativo de J. M. Gutiérrez, sino enfáticamente, como lo exigía el código romántico con el que estaba comprometido.

El carácter de iniciador de este cuento permite quizás relacionarlo en algún aspecto —el de la biografía ideal, sobre todo— con otras páginas igualmente inaugurales de la literatura argentina, escritas un siglo más tarde. Tal vez no sea arriesgado encontrar algunos elementos comunes entre *El matadero* de Echeverría y *El Sur* de Jorge Luis Borges, otro hombre que, a regañadientes o, más precisamente, aparentando distancia, se dejó también ganar, en su literatura, por su destino sudamericano. La relación autor-personaje es semejante en ambos cuentos; hay elementos no tanto autobiográficos en sentido estricto (aunque *El Sur* sí los tiene) como de la biografía que cada uno desea para sí. Ambos autores trasponen al personaje su deseo irrealizable de una acción singular (el martirio patriótico en uno, la ley del cuchillo en otro) que cargue de sentido verdadero, físico, toda una existencia mental, dedicada a la palabra.

Tanto Borges como Echeverría eligen para sus personajes —Juan Dahlmann y el joven unitario, respectivamente— la muerte heroica que hubiesen deseado, pero de la cual se apartaban deliberadamente por forma de vida y por temperamento. Echeverría transfiere al joven unitario la fuerza física y el brío que le faltaban a su cuerpo enfermizo y agotado por una neurosis. Borges, por su parte, con muchos más recursos —los de su época y los de su propia destreza literaria— en un cuento más complejo (y «uno de los menos imperfectos» —según su elegante autocrítica—) desarrolla una empresa parecida. Dahlmann, su «otro yo», juega en la ficción con dos destinos, el anodino y el singular, y elige también (o, al menos, la deliberada ambigüedad del relato da la posibilidad de esa elección) la muerte valiente, en la pampa y a cuchillo, acorde con lo que él mismo llamó *el culto del coraje*. En ambos cuentos aparece la mítica valoración del arma blanca como símbolo que enaltece. Borges (o, mejor dicho, Dahlmann) valoriza la muerte a cuchillo cuando la prefiere a la posibilidad de un final anodino (aunque sin dolor) en el quirófano. Echeverría, que en su contradictoria tabla de valores, había sido seducido, casi a traición de su ideal «civilizado», por el puñal ensangrentado que levanta Matasiete (símbolo de barbarie pero también de valentía), se identifica definitivamente con el unitario. Quiere aceptar el sacrificio por el país (su obsesión nada retórica) en una muerte patriótica, romántica y, sobre todo, ejemplar, cuando consideraba que las esperanzas de lucha racional y dialéctica (únicas armas que sabía manejar con destreza) estaban ya perdidas. Este alegato del escepticismo o del desconsuelo concuerda con la impresión que del poeta en el destierro tiene Sarmiento cuando escribe: «Echeverría es el poeta de la desesperación, el grito de la inteligencia pisoteada por los caballos de la pampa.»

El cuento, sin embargo, no tiene solamente estos dos personajes. Para ser exactos habría que agregar medio personaje más: el juez del matadero que, aunque monumental e imponente, no alcanza a rellenar la otra mitad. Es una figura plana del decorado, algo más destacada y coloreada que las otras (muchachos, carniceros, pialadores, negras y curiosos). Sólo adquiere al final un rasgo distintivo de carácter cuando, entre cínico y apesadumbrado, abandona la casilla «cabizbajo y taciturno» porque es él el responsable del exceso. Con sarcasmo e impavidez el juez descarga su conciencia de verdugo inculpando a la propia víctima cuando, ante la muerte del joven unitario dice: «queríamos únicamente divertirnos con él y tomó la cosa demasiado a lo serio». En esta reacción impasible del torturador puede verse también, al situar el texto en su época, una característica del naturalismo en gestación: los personajes viles están sujetos a leyes rígidas de comportamiento de las cuales no pueden evadirse; no existe el remordimiento porque ello implicaría afectos, solidaridad humana, sentimientos de responsabilidad, ajenos, por naturaleza, a estas criaturas degradadas.

El resto de los actores que se mueven por la escena (el matarife embadurnado de sangre, las negras destejedoras de tripas que ocultan en sus andrajos los sebos, los muchachos, aprendices de cuchillero, que las apedrean con bolas de barro sanguinolento y estiércol, Sietepelos, Bortija y los otros jinetes) más que personajes reales son apariciones suprarreales, decorados expresionistas que crean el ambiente tragicómico donde se desarrolla el drama. Cumplen una función ornamental, algo así como un telón de fondo en movimiento, igual a la de los novillos hundidos en el lodo hasta «el encuentro», los perros famélicos o las gaviotas carroñeras.

En los episodios del inglés avasallado y del niño decapitado por el lazo no destacan los personajes como tales sino la acción en sí misma. Son, ambas, breves secuencias incidentales que funcionan como subordinadas o complementarias de la acción central. El percance del «gringo» es una duplicación interior que anuncia la muerte del unitario. La irrealidad brutal del chico degollado por el lazo («cuyo tronco permaneció inmóvil sobre su caballo de palo, lanzando por cada arteria un largo chorro de sangre») es una sacudida al lector para que se prepare, con esta fugaz y alucinante escena, a la dureza de los cuadros posteriores (una función incidental de prospección climática, diría un estructuralista). Esos cuadros posteriores no alcanzan, sin embargo, la tensión súbita del incidente que los anticipa y que hace pensar, por ejemplo, en el *fauvismo naïf* y a la vez truculento de *La guerra* del Aduanero Rousseau, o en alguna escena fuerte de Horacio Quiroga. Borges, tal vez con su artilugio de poner opiniones propias en bocas ajenas, escribe: «Recuerdo que a mi padre le impresionaba menos aquella muerte (la del joven unitario) que la del chico decapitado por el lazo.»

El coro es un importante actante colectivo, encarnado en voces anónimas, que se caracteriza por la fuerza expresiva de su lenguaje desacatado y soez. Una especie de comparsa que cumple el rol del frontón al devolver o provocar los golpes verbales y que, incapacitada para la acción, azuza a los personajes (a Matasiete, al juez) desde la impunidad del anonimato.

La lengua de la narración

El coro esperpéntico, individualizado a veces en una voz («una voz ronca», «una voz imperiosa», «una voz ruda»), siempre anónimo, excepto cuando lo encarna «la voz imponente del juez», especie de director de orquesta que le da entrada o lo silencia de golpe, es la parte más arriesgada e innovadora del relato. En ella se cumple precozmente la invasión de oralidad, característica fundamental de la narrativa del siglo xx.

> Estamos haciendo un idioma —escribiría Cortázar en 1949, o sea más de un siglo después de la redacción de *El matadero*—, mal que les pese a los necrófagos y a los profesores normales en letras que creen en su título. Es un idioma turbio y caliente, torpe y sutil pero de creciente propiedad para nuestra expresión necesaria.

Esta lengua «canalla», que todavía tardaría años para imponerse en la prosa literaria, ya está presente en los mejores momentos de este relato. Con ella, Echeverría caracteriza personajes, recrea un ambiente cargado y marginal y descubre las virtudes narrativas de la expresión vulgar.

El logro es inusitado para la sensibilidad estética de la época. Juan María Gutiérrez, que señala en Echeverría «el coraje de consignar por escrito» ciertas escenas, se ve, sin embargo, en la necesidad de disculpar las «palabras o frases verdaderamente soeces» y aclara que, en boca de personajes viles «quedan más que nunca desterradas del comercio culto y honesto y anatematizadas para siempre». Esta puntualización de quien, para algún crítico, fue «su entrañable amigo y embalsamador»[20], lleva a desconfiar de los límites del recopilador y a pensar si no fue quizás el mismo Gutiérrez quien puso los puntos suspensivos en el texto y dejó en inicial las palabras groseras, tal como aparecen en la primera edición de 1871, en la *Revista del Río de la Plata*.

La denuncia busca los cauces de la ironía, el sarcasmo o la intervención admonitora del narrador, pero encuentra su realización más eficaz en las voces impuras de los personajes ruines que ponen en evidencia, no sólo el drama del unitario vejado —propósito explícito del autor—, sino la propia condición de indigencia cultural en que se encuentra «la chusma», auténtica víctima de la situación local. Este último testimonio, ausente de los designios —al menos conscientes— del autor, está sin embargo decididamente presente en el texto. La denuncia, que se traduce en una irrupción incontenible de jerga arrabalera y vulgar, no es tanto el producto de un proyecto artístico como de la ira y el despecho del escritor, involucrado directamente en la situación. Esa indignación pone realismo y desinhibe las intervenciones del coro, dando espontaneidad y vehemencia a los párrafos que las enmarcan. Es la misma prosa directa y desenfadada con que escribe las mejores páginas polémicas y combativas de la segunda *Carta a de Angelis*, la respuesta a Alcalá Galiano y buena parte de la *Ojeada retrospectiva*, selectos testimonios de su lucha política y literaria.

Los fragmentos insurrectos destacan aún más por el contraste con el diálogo enfático y prosopopéyico del unitario y la afectación de las intervenciones del narrador, con los que, por cuestión de principios, se identifica el escritor. Aquí habría que volver sobre el gran conflicto de Echeverría, solicitado por la

---

[20] Marsal, Juan Francisco, *op. cit.*, pág. 52.

pulcra oferta intelectual y por la realidad local (llámese tierra, naturaleza devoradora, carne, barbarie, monstruosidad, desmesura) que, como un mensaje subliminar, se le impone afectivamente.

Revertido el conflicto sobre el plano lingüístico, resultaría que el escritor toma partido por el lenguaje prestigiado del unitario por una razón de comodidad (sabe manejar los códigos románticos y éstos han sido ya aceptados clamorosamente por la crítica local), mientras que esa jerga «canalla», absolutamente experimental, tiene un riesgo desatado, algo que él mismo ha liberado inconscientemente pero que es incapaz de asumir desde la coherencia de su mundo mental. Aceptar la dependencia afectiva de una realidad que intelectualmente condena supondría cuestionar el sistema orgánico de pensamientos y creencias por el que luchaban, no sólo él, sino toda su generación. Se demuestra, una vez más, la imposible separación entre contenido y expresión, y las sutiles relaciones con que mutuamente se implican. Hasta los contenidos más fuertemente reprimidos afloran en la expresión, no tanto en el más evidente plano semántico como disimulados en el tono, el estilo, la selección léxica u otros niveles menos aparentes pero no menos eficaces de la comunicación. Esto ocurre siempre porque la literatura, aunque es ficción, no permite mentir. Echeverría se ve obligado a recoger tanto el afán testimonial ejemplificador que se proponía abiertamente como la conflictiva relación con su tierra, que aparece encubierta porque sus mecanismos de defensa psíquica trataban seguramente de ocultar. En el texto aflora esta contradicción que, con terminología prestada, podría definirse como una doble esquizofrenia: lingüística y cultural. El conflicto alude, por una parte, a la polarización cultural entre Europa y América, entre el caos subyugante propio y el orden ideal ajeno; y, por otra parte, a la «esquizofrenia lingüística», señalada como característica del hablante argentino en permanente indecisión entre el uso y la norma establecida desde fuera (desde la metrópoli, la academia, la escuela o la clase dominante), que está ya presente en estas páginas. Los personajes incultos y vulgares usan alternativamente el tuteo español y formas argentinas como el *che*, el *vos* y los modos verbales correspondientes como *salí* (por sal) o *tocale* (con acentuación grave). La inseguridad lingüística del narrador refleja la de su medio. El personaje burdo le impone unas formas que el estilo literario de la época rechazaba. Cabe recordar aquí el protagonismo de la generación del 37 en la afirmación de una norma lingüística liberada de la tutela peninsular y que se canaliza en la famosa polémica entre Andrés Bello y Domingo Faustino Sarmiento. La autonomía lingüística no era por entonces sino un aspecto del problema mayúsculo de la independencia cultural: «es absurdo —escribía Echeverría en la respuesta a Alcalá Galiano de 1846— ser americano en política y español en literatura». La emancipación lingüística era un gesto más del ademán liberador conseguido con sangre en las, por entonces recientes, independencias. Esto explica la vehemencia y convicción con que escribe Alberdi en el periódico *La moda:* «preferimos faltar cien veces a la ley de la gramática antes que una sola a la ley de la naturalidad». Pero las formas populares locales y, sobre todo, las expresiones toscas y groseras, presentes de hecho en la lengua natural, no tenían aún cabida en la literatura; la división entre ambas era todavía profunda y respetada en la mayor parte de los casos, inclusive por aquellos que abogaban por una norma descentralizada. Es destacable entonces que Echeverría haya tenido la lucidez —y el coraje, como apunta Gutiérrez— de incluir en una prosa literaria esos rasgos coloquiales, vulgares y hasta soeces del habla local.

UN ESTILO DE TRANSICIÓN

Desde el prólogo de J. M. Gutiérrez, que interpreta *El matadero* como un croquis o bosquejo provisional para una obra más pulida, hasta los estudios contemporáneos, muchos, y a veces contradictorios, han sido los calificativos que se le han dado. Ha sido definido como «cuadro de costumbres nacionales» (Juan Carlos Ghiano), «alegoría del país ensangrentado» (Carlos Mastronardi), relato de tesis o alegato político, folletín o panfleto. Ricardo Rojas lo llama «cuento» y Leonidas de Vedia dice que es el primero que se escribe en el país, mientras que Rafael Arrieta, más cauteloso, prefiere hablar de «el truculento cuadro», «el cuadro echeverriano». Pagés Larraya lo ensalza sobre el resto de la producción del autor porque anticipa el naturalismo; Battistessa, por el contrario, cree que es menos importante que *La cautiva*. Guillerno Ara, al escribir *La novela naturalista hispanoamericana*, lo sitúa como su precoz antecedente. Noé Jitrik lo analiza como una narración atípica con un cuadro de costumbres introductorio que llega hasta la escena del niño degollado por el lazo, con la que comienza el cuento propiamente dicho.

La variedad de clasificaciones, todas pertinentes, demuestra que se trata de una obra de transición, abarcadora de estéticas diferentes y, a veces, contradictorias. Este es su riesgo y aquí reside también su principal virtud. Costumbrismo, compromiso político, discurso catártico, planteamiento romántico, técnica impresionista, realismo naturalista, testimonio social, etc., todo tiene cabida y lugar en esta «historia», como la llama socarronamente su autor, agregando un nuevo calificativo a la lista. Echeverría, como un explorador de la escritura, usa armas y recursos conocidos, da pasos en falso y se equivoca, pero, además, descubre caminos que seguramente lo llenan de satisfacción y también de estupor. En esta indagación, en esta búsqueda que comportó alternativamente seguridades y peligros, y en la que logró andar «por no trillados caminos», como él mismo quería, reside su mayor riqueza.

Efectivamente la pieza comienza con unos tanteos entre la sátira política y el artículo de costumbres, pero las vacilaciones y los planteamientos generales del principio se van encaminando hacia una acción particular en la que confluyen y se anudan todas las líneas esbozadas. Los personajes se encarnan, el espacio se vuelve concreto, la acción se particulariza. La presencia mediatizante del narrador omnisciente, convertido a veces en un teórico que se extralimita en sus funciones, deja paso a las voces de unos personajes individualizados que se complican y enfrentan en acciones entramadas. Lo que, en el momento de su redacción pudo ser duda, inseguridad, e inclusive tropiezos, se convierte en mérito y sugerencias desde una lectura actual. El texto permite ver a la vez el proceso y el resultado como aspectos de una unidad que se valoriza con el contraste entre los intentos desiguales de la primera parte y la certeza posterior.

Tiene, del romanticismo, un planteamiento maniqueo y moralizante asentado en el mundo unitario civilizado, ahogado por la barbarie federal, y el mismo héroe ideal y trágico de todos sus poemas. Del realismo ofrece numerosos elementos, uno de ellos puede servir como muestra. La descripción minuciosa de los objetos prefigura en esta escuela la psicología de los personajes y el carácter de las situaciones. Así pues, como en *Le père Goriot* de Balzac el hule pegajoso y engrasado denuncia la sordidez de la «pensión Vauquer», pretenciosamente llamada «burguesa», en *El matadero* «la fornida mesa» usada para el juego y el beberaje (y luego, la tortura) delata la brutalidad y anticipa la vejación del unitario. Del naturalismo, sin embargo, provienen sus mayores aciertos: la elección de una atmósfera de bajos fondos y su correlación con los instintos degradados de los personajes, y, sobre todo, el lenguaje correspondiente. Se pueden hallar también resabios del iluminismo o la Ilustración en el sarcasmo con que se enfrenta a los poderes político y religioso y en el ensalzamiento (utópico) de la libertad y la razón. Y se vuelve panfletario en el sectarismo de la visión ideológica y en el mensaje abiertamente adoctrinador.

La variedad, reflejo como se ha visto de unas concepciones estéticas en transición, puede también ser analizada como concordante con el mundo referencial que le da origen: la realidad sociopolítica de una Latinoamérica en erupción donde no hay sucesión sustitutiva de ideologías, de estéticas, de patrones culturales o sociales, ni siquiera de etapas históricas, sino superposición y coexistencia abigarrada. Los tiempos de Echeverría fueron, en este sentido, especial aunque no excepcionalmente críticos. La inestabilidad, la desestructuración, la polivalencia (aún hoy vigentes en esa América y que siguen comprometiendo a su literatura) inciden en el texto y se reflejan sobre todo en sus niveles implícitos: en la superposición de estilos, en la mezcla ecléctica de recursos expresivos y en la factura heterodoxa que hace difícil encuadrarlo en un género.

El autor quiere narrar una realidad ideal en la que lo bueno y lo malo están sana y pulcramente separados, pero la heterogénea y complicada sociedad de la que forma parte se le impone a pesar suyo, y aparecen en la obra inquietantes indicios de un mundo contaminado que no se deja marginar. Quiere ensalzar la civilización, y por todos los intersticios se infiltra la barbarie. Esa barbarie que no es —como su etimología lo indica— ajena, extranjera, sino eje de pertenencia, certeza, aun anatematizada, de identidad.

En este trabajo se ha dicho que la literatura no permite mentir. Echeverría no miente cuando escribe *El matadero*. Entonces perseguía un fin testimonial y aleccionador, hoy secundario, pero consigue —sin proponérselo quizás— expresar la contradictoria dinámica de una situación sociocultural peculiar. Crea una tensión —y esto es fundamental— entre el mundo prestigiado que quiere imponer y «la fascinación de lo monstruoso» que se le impone sin querer, entre lo civilizado y lo bárbaro, que terminan reconvirtiéndose desde el imperativo literario, entre lo explícito y lo apenas insinuado. Sus páginas inquietan, sugieren y no dejan en paz al lector, para quien la lectura comporta sorpresa y descubrimientos porque previamente la escritura fue para Echeverría una búsqueda, una forma desasosegada de conocimiento.

La presente edición

Los textos de *La cautiva* y de *El matadero* de la presente edición han sido establecidos sobre los de las ediciones príncipes respectivas: el de *La cautiva,* en *Rimas,* Buenos Aires, Imprenta Argentina, 1837; el de *El matadero,* en *Revista del Río de la Plata,* Buenos Aires, Carlos Casavalle, editor, 1871, t. I, páginas 556-585. En ambos casos se han cotejado con las ediciones de Juan María Gutiérrez, *Obras completas,* Buenos Aires, Carlos Casavalle, editor, Imprenta de Mayo, t. I, 1870 y t. V, 1874, respectivamente.

Se han modernizado la ortografía y la puntuación en los casos necesarios para la buena comprensión del texto. Las notas, que atienden sobre todo a referencias históricas y americanismos, van numeradas, a diferencia de las notas del autor *(N. del A.)* que, en el caso de *La cautiva,* llevan asteriscos.

Bibliografía

Arrieta, Rafael, «Esteban Echeverría y el romanticismo en el Plata», en *Historia de la literatura argentina*, t. II, Buenos Aires, Peuser, 1958, págs. 21-212.

Battistessa, Ángel, Prólogo, notas y apéndice documental e iconográfico, en Esteban Echeverría, *La cautiva. El matadero*, Buenos Aires, Peuser, 1958.

Borello, Rodolfo, «Notas a *La cautiva*», en *Logos*, Buenos Aires, UNBa., núm. 13-14, 1977-1978, págs. 69-84.

Caillet-Bois, Julio, «Echeverría y los orígenes del romanticismo en América», en *Revista hispánica moderna*, Nueva York, 1940, año VI, núm. 2, págs. 97-106.

Carilla, Emilio, «Ideas estéticas de Echeverría», en *Revista de educación*, La Plata, año III, núm. 1, 1958.

Cháneton, Abel, *Retorno de Echeverría*, Buenos Aires, Ayacucho, 1944.

Dumas, Claude, «Contribución al estudio del romanticismo hispanoamericano: el caso de *La cautiva* del argentino Echeverría», en *Hommage des hispanistes français à Noël Salomon*, 1979, págs. 237-249.

García Mérou, Martín, *Ensayo sobre Echeverría*, Buenos Aires, Jacobo Peuser, 1894.

García Puertas, Manuel, *El romanticismo de Esteban Echeverría*, Montevideo, Universidad de la República, 1957.

Ghiano, Juan Carlos, *El matadero de Echeverría y el costumbrismo*, Buenos Aires, C. E. de A. L., Biblioteca de Literatura, Estudios, 1968.

Giusti, Roberto F., «Esteban Echeverría, poeta», en *Poetas de América y otros ensayos*, Buenos Aires, Losada, 1956.

Gutiérrez, Juan María, «Noticias biográficas sobre don Esteban Echeverría», en *Obras completas*, t. V, Buenos Aires, Carlos Casavalle editor, Imprenta y librería de Mayo, 1874, págs. I-CI.

Halperín Donghi, Tulio, *El pensamiento de Echeverría*, Buenos Aires, Sudamericana, 1951.

Jitrik, Noé, «Echeverría y la realidad nacional», en *Historia de la literatura argentina*, t. I, Buenos Aires, C.E. de A.L., 1967, páginas 193-216.

— *El matadero et La cautiva de Esteban Echeverría suivis de trois éssais de...*, París, Les belles lettres, 1969.

— «Forma y significación en *El matadero*, de Esteban Echeverría», en *El fuego de la especie*, Buenos Aires, Siglo XXI, 1971, págs. 63-98.

KISNERMAN, Natalio, *Contribución a la bibliografía sobre Esteban Echeverría (1805-1851)*, Buenos Aires, Facultad de Filosofía y Letras, Instituto de literatura argentina «Ricardo Rojas», 1971.

LORENTE MEDINA, Antonio, Introducción y notas a Esteban Echeverría, *Rimas*, Madrid, Editora Nacional, 1984.

MARSAL, Juan Francisco, «Estampa de un romántico argentino», en *Cuadernos Hispanoamericanos*, Madrid, abril de 1956, núm. 76, páginas 51-58.

MASTRONARDI, Carlos, «Noticia preliminar», en Esteban Echeverría *La cautiva. El matadero*, Buenos Aires, Atlántida, 1972, págs. 5-23.

MORALES, Ernesto, *Esteban Echeverría*, Buenos Aires, Claridad, Biblioteca Hombres e Ideas, 2.ª serie, 1, 1950.

MORÍNIGO, Mariano, «La estructura de *El matadero*», en *La Gaceta*, Tucumán, 23 de octubre de 1966.

PALCOS, Alberto, *Historia de Echeverría*, Buenos Aires, Emecé, 1960.

— Prólogo a Esteban Echeverría, *Dogma socialista*, La Plata, Universidad Nacional, 1940, págs. VII-XCVI.

PELLEGRINI, Juan Carlos, Introducción, notas y vocabulario, en Esteban Echeverría, *La cautiva. El matadero*, Buenos Aires, Huemul, 1967.

ROJAS, Ricardo, *La literatura argentina. Ensayo filosófico sobre la evolución de la cultura en el Plata*, t. III: «Los proscriptos», Buenos Aires, Casa editora Cori, 1920.

ROSEMBLAT, Ángel, *Las generaciones argentinas del siglo XIX ante el problema de la lengua*, Buenos Aires, UNBa., 1961.

VERDUGO, Iber H., introducción y notas a Esteban Echeverría, *La cautiva. El matadero*, Buenos Aires, Kapelusz, 1963.

VIÑAS, David, *Literatura argentina y realidad política*, Buenos Aires, Jorge Álvarez, 1964.

WEINBERG, Félix, «Esteban Echeverría», en *Hombres de la Argentina*, Buenos Aires, Eudeba, 1962, vol. 1, págs. 118-131.

— «Echeverría, una presencia decisiva», en *El Salón Literario de 1837, M. Sastre, J. B. Alberdi, J. M. Gutiérrez, E. Echeverría*, Buenos Aires, Hachette, 1958.

— «La época de Rosas y el romanticismo», en *Historia de la literatura argentina*, t. I, Buenos Aires, C. E. de A. L., 1967, págs. 169-192.

— «Contribución a la bibliografía de Esteban Echeverría», en *Universidad*, Santa Fe, Universidad Nacional del Litoral, núm. 45, julio-septiembre de 1960.

El matadero

Matadero de Buenos Aires en 1818, según acuarela de Emeric Essex Vidal.

A pesar de que la mía es historia, no la empezaré por el arca de Noé y la genealogía de sus ascendientes como acostumbraban hacerlo los antiguos historiadores españoles de América, que deben ser nuestros prototipos[1]. Tengo muchas razones para no seguir ese ejemplo, las que callo por no ser difuso. Diré solamente que los sucesos de mi narración pasaban por los años de Cristo de 183...[2]. Estábamos, a más, en cuaresma, época en que escasea la carne en Buenos Aires, porque la iglesia[3], adoptando el precepto de Epicteto[4], *sustine, abstine* (sufre,

---

[1] Este comienzo manifiesta la rebeldía del escritor que no quiere seguir los modelos españoles de los que, por otra parte, había logrado apartarse en *La cautiva*.

[2] Se puede intentar una datación del cuento a partir de esta fecha insinuada y de los sucesos históricos que recoge. El luto por Encarnación Ezcurra, mujer de Rosas, duró desde su muerte (19 de octubre de 1838) hasta octubre de 1840, fecha en la que es levantado por una proclama del Restaurador. De esto se deduce que Echeverría sitúa su relato en la Cuaresma de 1839. El cuento fue redactado en la estancia de Los Talas entre 1839 y agosto de 1840, fecha en que su autor emigra a Colonia, Uruguay.

[3] *iglesia*: en la edición príncipe (R.R.P.) *iglesia* está siempre escrita con minúscula mientras que *Dios*, el *Señor*, el *Altísimo*, mantienen la mayúscula inicial. El conocido anticlericalismo de los liberales de la época, unido a la nueva religiosidad romántica, hace suponer que Echeverría señala con una deliberada ortografía el rechazo de la institución eclesial (explícito, por otra parte, en el texto), mientras aprecia el dogma y la fe. Esto es especialmente evidente en sus escritos, para los que selecciona un vocabulario y un estilo bíblico y catequético con *dogmas, credos, catecismos, letanías, anatemas*.

[4] *Epicteto* (Epitecto *[sic]* en R.R.P): discípulo de los filósofos estoicos, nació en Frigia a mediados del siglo I y vivió en Roma. Su doctrina se basa en la libertad interna del hombre que se logra con la razón al reprimir las pasiones por medio de la «abstención». Además del juego irónico, hay seguramente una simpatía de Echeverría por la personalidad del citado, esclavo durante la tiranía imperial romana y que debió su popularidad a su prédica de la resistencia pasiva.

abstente), ordena vigilia y abstinencia a los estómagos de los fieles, a causa de que la carne es pecaminosa, y, como dice el proverbio, busca a la carne. Y como la iglesia tiene *ab initio* y por delegación directa de Dios el imperio inmaterial sobre las conciencias y estómagos, que en manera alguna pertenecen al individuo, nada más justo y racional que vede lo malo.

Los abastecedores, por otra parte, buenos federales, y por lo mismo buenos católicos, sabiendo que el pueblo de Buenos Aires atesora una docilidad singular para someterse a toda especie de mandamiento, sólo traen en días cuaresmales al matadero, los novillos necesarios para el sustento de los niños y de los enfermos dispensados de la abstinencia por la Bula, y no con el ánimo de que se harten algunos herejotes, que no faltan, dispuestos siempre a violar los mandamientos carnificinos[5] de la iglesia, y a contaminar la sociedad con el mal ejemplo.

Sucedió, pues, en aquel tiempo, una lluvia muy copiosa. Los caminos se anegaron; los pantanos se pusieron a nado y las calles de entrada y salida a la ciudad rebosaban en acuoso barro. Una tremenda avenida se precipitó de repente por el Riachuelo de Barracas, y extendió majestuosamente sus turbias aguas hasta el pie de las barrancas del Alto[6]. El Plata, creciendo embravecido, empujó esas aguas que venían buscando su cauce y las hizo correr hinchadas por sobre campos, terraplenes, arboledas, caseríos, y extenderse como un lago inmenso por todas las bajas tierras. La ciudad, circunvalada del norte al este por una cintura de agua y barro, y al sur por un piélago blanquecino en cuya superficie flotaban a la ventura algunos barquichuelos y negreaban las chimeneas y las copas de los árboles, echaba desde sus torres y barrancas atónitas miradas al horizonte como implorando misericordia al Altísimo. Parecía el amago de un nuevo diluvio. Los beatos y beatas gimoteaban haciendo novenarios y continuas plegarias. Los predicadores atronaban el templo y hacían crujir el púlpito a puñetazos. Es

---

[5] *carnificino:* creación de palabra, con evidente intención irónica, por cruce semántico de «carne» y «carnífice», nombre antiguo del verdugo.

[6] Barrio del Alto de San Pedro: entonces, suburbio de Buenos Aires, hoy corresponde a la zona de Constitución y San Telmo. Allí nació y vivió su infancia Echeverría.

el día del juicio, decían, el fin del mundo está por venir. La cólera divina rebosando se derrama en inundación. ¡Ay de vosotros, pecadores! ¡Ay de vosotros, unitarios impíos que os mo-
fáis de la iglesia, de los santos, y no escucháis con veneración
la palabra de los ungidos del Señor! ¡Ay de vosotros si no im-
ploráis misericordia al pie de los altares! Llegará la hora tremenda del vano crujir de dientes y de las frenéticas imprecaciones. Vuestra impiedad, vuestras herejías, vuestras blasfe-
mias, vuestros crímenes horrendos, han traído sobre nuestra
tierra las plagas del Señor. La justicia del Dios de la Federación[7] os declarará malditos.

Las pobres mujeres salían sin aliento, anonadadas del templo, echando, como era natural, la culpa de aquella calamidad a
los unitarios.

Continuaba, sin embargo, lloviendo a cántaros, y la inundación crecía acreditando el pronóstico de los predicadores. Las
campanas comenzaron a tocar rogativas por orden del muy católico Restaurador[8], quien parece no las tenía todas consigo.
Los libertinos, los incrédulos, es decir, los unitarios, empezaron a amedrentarse al ver tanta cara compungida, oír tanta batahola de imprecaciones. Se hablaba ya, como de cosa resuelta,
de una procesión en que debía ir toda la población descalza y a
cráneo descubierto, acompañando al Altísimo, llevado bajo pa-
lio por el Obispo, hasta la barranca de Balcarce, donde millares de voces, conjurando al demonio unitario de la inundación,
debían implorar la misericordia divina.

---

[7] *La justicia del Dios de la Federación:* en la edición príncipe aparece «La justicia
y el Dios... os *declarará...*», error de concordancia salvado en las *O.C.* Satírico re-
proche a la connivencia entre la Iglesia y el Estado rosista. Recuérdese que
como oposición al laicismo del partido unitario, sus adversarios políticos, los federales, enarbolaron en La Rioja, provincia acaudillada por Facundo Quiroga,
el lema «religión o muerte».

[8] *Restaurador de las Leyes:* título de Juan Manuel de Rosas, jefe del partido federal, que desde la gobernación de la provincia de Buenos Aires controlará la
política argentina, salvo un breve paréntesis, entre 1829 y 1852. Para Eche-
rría y la generación del 37, la palabra tenía los ecos retrógrados de las «restaura-
ciones» monárquicas europeas. En este caso se veía una «restauración» del antiguo régimen colonial. Como concepto político opuesto, Echeverría aboga por
una *regeneración*.

Feliz, o mejor, desgraciadamente, pues la cosa habría sido de verse, no tuvo efecto la ceremonia, porque bajando el Plata, la inundación se fue poco a poco escurriendo en su inmenso lecho sin necesidad de conjuro ni plegarias.

Lo que hace principalmente a mi historia es que por causa de la inundación estuvo quince días el matadero de la Convalecencia[9] sin ver una sola cabeza vacuna, y que en uno o dos, todos los bueyes de quinteros y *aguateros*[10] se consumieron en el abasto de la ciudad. Los pobres niños y enfermos se alimentaban con huevos y gallinas, y los gringos y herejotes bramaban por el *beef-steak* y el asado. La abstinencia de carne era general en el pueblo, que nunca se hizo más digno de la bendición de la iglesia, y así fue que llovieron sobre él millones y millones de indulgencias plenarias. Las gallinas se pusieron a seis pesos, y los huevos a cuatro reales, y el pescado carísimo. No hubo en aquellos días cuaresmales promiscuaciones[11] ni excesos de gula; pero en cambio se fueron derecho al cielo innumerables ánimas y acontecieron cosas que parecen soñadas.

No quedó en el matadero ni un solo ratón vivo de muchos millares que allí tenían albergue. Todos murieron o de hambre o ahogados en sus cuevas por la incesante lluvia. Multitud de negras rebuscona de *achuras*[12], como los caranchos de presa, se desbandaron por la ciudad como otras tantas harpías prontas a devorar cuanto hallaran comible. Las gaviotas y los perros, inseparables rivales suyos en el matadero, emigraron en busca de alimento animal. Porción de viejos achacosos cayeron en consunción por falta de nutritivo caldo; pero lo más notable que sucedió fue el fallecimiento casi repentino de unos cuantos gringos herejes que cometieron el desacato de darse un hartazgo de chorizos de Extremadura, jamón y bacalao, y se fueron al otro mundo a pagar el pecado cometido por tan abominable promiscuación.

---

[9] *matadero de la Convalecencia:* ubicado en el barrio del Alto, próximo al hospital de la Convalecencia, entonces en el extrarradio, ocupaba el sitio de la actual plaza España.

[10] *aguateros:* argentinismo, por aguadores.

[11] *promiscuaciones:* comer carne y pescado en una misma comida en época de abstinencia.

[12] *achuras:* «del quechua, entrañas de la res sacrificada» (Dicc. Morínigo).

Algunos médicos opinaron que si la carencia de carne continuaba, medio pueblo caería en síncope por estar los estómagos acostumbrados a su corroborante jugo[13]; y era de notar el contraste entre estos tristes pronósticos de la ciencia y los anatemas lanzados desde el púlpito por los reverendos padres contra toda clase de nutrición animal y de promiscuación en aquellos días destinados por la iglesia al ayuno y la penitencia. Se originó de aquí una especie de guerra intestina entre los estómagos y las conciencias, atizada por el inexorable apetito y las no menos inexorables vociferaciones de los ministros de la iglesia, quienes, como es su deber, no transigen con vicio alguno que tienda a relajar las costumbres católicas; a lo que se agregaba el estado de flatulencia intestinal de los habitantes, producido por el pescado y los porotos[14] y otros alimentos algo indigestos.

Esta guerra se manifestaba por sollozos y gritos descompasados en la peroración de los sermones y por rumores y estruendos subitáneos en las casas y calles de la ciudad o dondequiera concurrían gentes. Alarmóse un tanto el gobierno, tan paternal como previsor, el Restaurador, creyendo aquellos tumultos de origen revolucionario y atribuyéndolos a los mismos salvajes unitarios, cuyas impiedades, según los predicadores federales, habían traído sobre el país la inundación de la cólera divina; tomó activas providencias, desparramó sus esbirros por la población, y por último, bien informado, promulgó un decreto tranquilizador de las conciencias y de los estómagos, encabezado por un considerando muy sabio y piadoso para que a todo trance y arremetiendo por agua y todo se trajese ganado a los corrales[15].

---

[13] Burla del autor sobre el protagonismo de la carne en la costumbre alimentaria local. En ocasiones, y jugando con el sentido real y figurado del término, la carne es símbolo de barbarie, como en el siguiente párrafo que muestra ya rasgos de cierto determinismo naturalista: «...cuando predominan tendencias egoístas y materiales, la sociedad, viviendo de la vida de la carne exclusivamente, también se embrutece y se animaliza, y queda, en cierto modo, paralizado su movimiento de progreso y de aspiración a la perfectibilidad (2.ª *Carta a de Angelis*). En la «Apología del matambre» defiende, por el contrario, la naturaleza carnívora del argentino como uno de sus signos loables de identidad.

[14] *porotos:* del quechua *purutu,* judías blancas, alubias.

[15] Es frecuente en esta primera parte del cuento la sátira farsante y cínica

En efecto, el decimosexto día de la carestía, víspera del día de Dolores, entró a nado por el paso de Burgos al matadero del Alto una tropa de cincuenta novillos gordos; cosa poca por cierto para una población acostumbrada a consumir diariamente de doscientos cincuenta a trescientos, y cuya tercera parte al menos gozaría del fuero eclesiástico de alimentarse con carne. ¡Cosa extraña que haya estómagos privilegiados y estómagos sujetos a leyes inviolables y que la iglesia tenga la llave de los estómagos![16].

Pero no es extraño, supuesto que el diablo con la carne suele meterse en el cuerpo y que la iglesia tiene el poder de conjurarlo: el caso es reducir al hombre a una máquina cuyo móvil principal no sea su voluntad sino la de la iglesia y el gobierno. Quizá llegue el día en que sea prohibido respirar aire libre, pasearse y hasta conversar con un amigo, sin permiso de autoridad competente. Así era, poco más o menos, en los felices tiempos de nuestros beatos abuelos que por desgracia vino a turbar la revolución de Mayo[17].

Sea como fuera, a la noticia de la providencia gubernativa, los corrales del Alto se llenaron, a pesar del barro, de carniceros, achuradores y curiosos, quienes recibieron con grandes vociferaciones y palmoteos los cincuenta novillos destinados al matadero.

—Chica, pero gorda —exclamaban—. ¡Viva la Federación! ¡Viva el Restaurador! Porque han de saber los lectores que en aquel tiempo la Federación estaba en todas partes, hasta entre las inmundicias del matadero y no había fiesta sin Restaurador como no hay sermón sin Agustín[18]. Cuentan que al oír tan desaforados gritos las últimas ratas que agonizaban de hambre en

que recuerda, por ejemplo, el estilo volteriano de *Cándido;* la ironía crítica nace de la aparente ingenuidad o candor con que se narran circunstancias injustas, violentas y hasta atroces.

[16] En 1838 la población de Buenos Aires era de 62.228 habitantes, de los cuales una cuarta parte (14.932) eran «pardos» y «morenos» y 4.000 extranjeros, según el empadronamiento de ese mismo año.

[17] *revolución de Mayo:* Echeverría, defensor de los ideales de la revolución de Mayo que supuso, en 1810, la libertad de las posesiones españolas en el Río de la Plata, opina irónicamente sobre la situación política en la época de Rosas, asociándola al despotismo de los últimos tiempos de la colonia.

[18] *Agustín:* San Agustín, en las *O.C.*

PLANO DE UBICACIÓN DEL MATADERO DEL ALTO

Fragmento del plano de Buenos Aires trazado por Sourdieux hacia 1853.

97

sus cuevas, se reanimaron y echaron a correr desatentadas conociendo que volvían a aquellos lugares la acostumbrada alegría y la algazara precursora de abundancia.

El primer novillo que se mató fue todo entero de regalo al Restaurador, hombre muy amigo del asado[19]. Una comisión de carniceros marchó a ofrecérselo a nombre de los federales del matadero, manifestándole *in voce* su agradecimiento por la acertada providencia del gobierno, su adhesión ilimitada al Restaurador y su odio entrañable a los salvajes unitarios, enemigos de Dios y de los hombres. El Restaurador contestó a la arenga *rinforzando*[20] sobre el mismo tema y concluyó la ceremonia con los correspondientes vivas y vociferaciones de los espectadores y actores. Es de creer que el Restaurador tuviese permiso especial de su Ilustrísima para no abstenerse de carne, porque siendo tan buen observador de las leyes, tan buen católico y tan acérrimo protector de la religión, no hubiera dado mal ejemplo aceptando semejante regalo en día santo.

Siguió la matanza, y en un cuarto de hora cuarenta y nueve novillos se hallan tendidos en la playa[21] del matadero, desollados unos, los otros por desollar. El espectáculo que ofrecía entonces era animado y pintoresco aunque reunía todo lo horriblemente feo, inmundo y deforme de una pequeña clase proletaria peculiar del Río de la Plata. Pero para que el lector pueda percibirlo a un golpe de ojo, preciso es hacer un croquis de la localidad[22].

El matadero de la Convalecencia o del Alto, sito en las quintas al sud de la ciudad, es una gran playa en forma rectangular colocada al extremo de dos calles, una de las cuales allí se termina y la otra se prolonga hacia el este. Esta playa, con declive al sud, está cortada por un zanjón labrado por la corrien-

---

[19] *asado:* típica comida argentina que consiste en carne asada a la llama o a la brasa en parrilla.

[20] *rinforzando:* insistiendo. Término musical italiano usado con ironía.

[21] *playa:* en Argentina, lugar plano y espacioso a cielo descubierto, limpio de maleza y hierba que, como en este caso, no necesariamene está ubicado junto a un río o al mar.

[22] La voluntad explícita de hacer un croquis y las observaciones minuciosas que a continuación describen el ambiente físico (vinculando elementos de feísmo con los caracteres de los personajes que luego aparecen en la escena), anticipa una nueva estética: el realismo, también en gestación en Europa.

te de las aguas pluviales, en cuyos bordes laterales se muestran innumerables cuevas de ratones y cuyo cauce recoge, en tiempo de lluvia, toda la sangraza seca o reciente del matadero. En la junción del ángulo recto hacia el oeste está lo que llaman la casilla, edificio bajo, de tres piezas de media agua con corredor al frente que da a la calle y palenque para atar caballos, a cuya espalda se notan varios corrales de palo a pique de ñandubay[23] con sus fornidas puertas para encerrar el ganado.

Estos corrales son en tiempo de invierno un verdadero lodazal en el cual los animales apeñuscados se hunden hasta el encuentro[24] y quedan como pegados y casi sin movimiento. En la casilla se hace la recaudación del impuesto de corrales, se cobran las multas por violación de reglamentos y se sienta el juez del matadero, personaje importante, caudillo de los carniceros y que ejerce la suma del poder en aquella pequeña república por delegación del Restaurador. Fácil es calcular qué clase de hombre se requiere para el desempeño de semejante cargo. La casilla, por otra parte, es un edificio tan ruin y pequeño que nadie lo notaría en los corrales a no estar asociado su nombre al del terrible juez y a no resaltar sobre su blanca cintura los siguientes letreros rojos: «Viva la Federación», «Viva el Restaurador y la heroína doña Encarnación Ezcurra», «Mueran los salvajes unitarios». Letreros muy significativos, símbolo de la fe política y religiosa de la gente del matadero. Pero algunos lectores no sabrán que la tal heroína es la difunta esposa del Restaurador, patrona muy querida de los carniceros, quienes, ya muerta, la veneraban como viva por sus virtudes cristianas y su federal heroísmo en la revolución contra Balcarce[25]. Es el caso que en un aniversario de aquella memo-

---

[23] *palo a pique:* postes clavados de punta, uno junto a otro, para cercar. *Ñandubay,* árbol americano de la selva guaraní de madera rojiza y muy dura.

[24] *encuentro:* «en los cuadrúpedos mayores, puntas de las espaldillas que por delante se unen al cuello» *(DRAE).*

[25] Juan Ramón Balcarce: fue uno de los sucesores de Rosas en la gobernación de Buenos Aires luego de su primer mandato. Había accedido en diciembre de 1832 y, al pretender una tímida autonomía en sus decisiones, fue depuesto en octubre de 1833 por una sublevación que organizó la «dura e implacable» Encarnación Ezcurra —como la llama Rosemblat—, pero que, en realidad, dirigía Rosas desde su aparente retiro campesino.

rable hazaña de la mazorca[26], los carniceros festejaron con un espléndido banquete en la casilla a la heroína, banquete al que concurrió con su hija y otras señoras federales, y que allí, en presencia de un gran concurso, ofreció a los señores carniceros en un solemne brindis su federal patrocinio, por cuyo motivo ellos la proclamaron entusiasmados patrona del matadero, estampando su nombre en las paredes de la casilla donde se estará hasta que lo borre la mano del tiempo[27].

La perspectiva del matadero a la distancia era grotesca, llena de animación. Cuarenta y nueve reses estaban tendidas sobre sus cueros y cerca de doscientas personas hollaban aquel suelo de lodo regado con la sangre de sus arterias. En torno de cada res resaltaba un grupo de figuras humanas de tez y raza distintas. La figura más prominente de cada grupo era el carnicero con el cuchillo en mano, brazo y pecho desnudos, cabello largo y revuelto, camisa y chiripá[28] y rostro embadurnado de sangre. A sus espaldas se rebullían, caracoleando y siguiendo los movimientos, una comparsa de muchachos, de negras y mulatas achuradoras, cuya fealdad trasuntaba las harpías de la fábula, y, entremezclados con ella, algunos enormes mastines olfateaban, gruñían o se daban de tarascones por la presa. Cuarenta y tantas carretas toldadas con negruzco y pelado cuero se escalonaban irregularmente a lo largo de la playa, y algunos jinetes, con el poncho[29] calado y el lazo prendido al tiento[30], cruzaban por

---

[26] *la mazorca:* o mashorca, nombre vulgar de la Sociedad Popular Restauradora, policía política del régimen de Rosas, creada en 1834, y tristemente famosa por la dureza de su represión. Su nombre proviene de un cruce paronomástico entre «mazorca», la espiga del maíz, usada como símbolo y también como instrumento de tortura, y «más horca» (Dicc. Morínigo), alusión sarcástica a la represión.

[27] Algunos de los símbolos usados en su momento en *El matadero* permanecen en la literatura argentina posterior. Como muestra, quizás sirva un detalle: es posible asociar el letrero rojo de la casilla del juez, que permanecerá «hasta que lo borre la mano del tiempo», con la pulpería en la que se lleva a cabo el duelo a cuchillo (o la muerte ritual) de Dahlmann, personaje de *El Sur* de Borges, descrita como «El almacén que, alguna vez, había sido punzó, pero los años habían mitigado para su bien ese color violento».

[28] *chiripá:* del quechua *chiripac,* para el frío. Prenda de vestir del gaucho pampeano, que adaptó el uso de la manta araucana replegándola entre las piernas y sujetándola con el cinto, a modo de pantalones.

[29] *poncho:* del araucano *pontho,* ruana. Prenda de abrigo del gaucho y del indio americano.

entre ellas al tranco o, reclinados sobre el pescuezo de los caballos, echaban ojo indolente sobre uno de aquellos animados grupos, al paso que más arriba, en el aire, un enjambre de gaviotas blanquiazules, que habían vuelto de la emigración al olor de carne, revoloteaban cubriendo con su disonante graznido todos los ruidos y voces del matadero y proyectando una sombra clara sobre aquel campo de horrible carnicería. Esto se notaba al principio de la matanza.

Pero a medida que adelantaba, la perspectiva variaba: los grupos se deshacían, venían a formarse tomando diversas actitudes y se desparramaban corriendo como si en medio de ellos cayese alguna bala perdida o asomase la quijada de algún encolerizado mastín. Esto era que, ínter el carnicero en un grupo descuartizaba a golpe de hacha, colgaba en otro los cuartos en los ganchos a su carreta, despellejaba en éste, sacaba el sebo en aquél, de entre la chusma, que ojeaba y aguardaba la presa de achura, salía de cuando en cuando una mugrienta mano a dar un tarazón con el cuchillo al sebo o a los cuartos de la res, lo que originaba gritos y explosión de cólera del carnicero y el continuo hervidero de los grupos, dichos y gritería descompasada de los muchachos.

—Ahí se mete el sebo en las tetas, la tía —gritaba uno.

—Aquél lo escondió en el alzapón —replicaba la negra.

—¡Che![31], negra bruja, salí[32] de aquí antes que te pegue un tajo —exclamaba el carnicero.

---

[30] *tiento:* tira muy fina de cuero sin curtir; sirve, en este caso, para atar el *lazo* (cuerda de cuero trenzado para sujetar a los animales) a la silla de montar.

[31] *Che:* forma vocativa de 2.ª persona documentada en el Río de la Plata hacia fines del siglo XVII. Puede también tener valor de interjección. Para algunos proviene del valenciano. Gobello, en su *Diccionario Lunfardo,* la registra como originada en «el antiguo *tse* español, escrito *œ*». Morínigo no descarta el origen guaraní del término, llevado por el personal de servicio al Río de la Plata.

[32] *salí:* por «sal», imperativo de salir. Forma verbal correspondiente al voseo. El uso del *vos* como pronombre de 2.ª persona singular y de las formas verbales concordantes (corriente hoy en Argentina entre otras zonas de América) ya era frecuente en el habla del Río de la Plata de aquella época, e inclusive alternaba con el «tú» en la lengua escrita familiar o informal. Aunque fue el populismo federal de Rosas el que difundió y jerarquizó su uso, no entrará de lleno a la lengua literaria sino mucho más tarde. Sin embargo, no hay que olvidar también el papel fundamental de la generación del 37 en la defensa de una norma lingüística propia, liberada de la tutela académica y peninsular. Esa soberanía popular

—¿Qué le hago, ño[33] Juan? ¡No sea malo! Yo no quiero sino la panza y las tripas.

—Son para esa bruja: a la m...

—¡A la bruja! ¡A la bruja! —repitieron los muchachos—, ¡se lleva la riñonada y el tongorí![34]— y cayeron sobre su cabeza sendos cuajos de sangre y tremendas pelotas de barro.

Hacia otra parte, entre tanto, dos africanas llevaban arrastrando las entrañas de un animal; allá una mulata se alejaba con un ovillo de tripas y resbalando de repente sobre un charco de sangre, caía a plomo, cubriendo con su cuerpo la codiciada presa. Acullá se veían acurrucadas en hileras cuatrocientas negras destejiendo sobre las faldas el ovillo y arrancando uno a uno los sebitos que el avaro cuchillo del carnicero había dejado en la tripa como rezagados, al paso que otras vaciaban panzas y vejigas y las henchían de aire de sus pulmones para depositar en ellas, luego de secas, la achura.

Varios muchachos, gambeteando[35] a pie y a caballo, se daban de vejigazos o se tiraban bolas de carne, desparramando con ellas y su algazara la nube de gaviotas que columpiándose en el aire celebraba chillando la matanza. Oíanse a menudo, a pesar del veto del Restaurador y de la santidad del día, palabras inmundas y obscenas, vociferaciones preñadas de todo el cinismo bestial que caracteriza a la chusma de nuestros mataderos, con las cuales no quiero regalar a los lectores.

De repente caía un bofe sangriento sobre la cabeza de alguno, que de allí pasaba a la de otro, hasta que algún deforme mastín lo hacía buena presa, y una cuadrilla de otros, por si estrujo o no estrujo[36], armaba una tremenda de gruñidos y mor-

---

en materia de lengua tiene un precoz cultor en Echeverría, sobre todo en los diálogos desacatados de *El matadero.*

[33] *ño:* tratamiento de consideración entre personas de igual categoría social que se usaba en la vida rural de toda Hispanoamérica. Morínigo lo registra como «menos frecuente que el *ña»*, su equivalente femenino que proviene de «doña» y dio, por asimilación, el masculino *ño,* que también deriva del apócope de señor.

[34] *tongorí:* del quechua *tunguri,* tragadero, esófago.

[35] *gambetear:* en Argentina y Bolivia, ademán hecho para esquivar obstáculos, adversarios o golpes.

[36] *por si estrujo o no estrujo:* dicho popular formado a partir de una de las acepciones de estrujar: en sentido figurado y familiar, sacar de una cosa todo el partido posible *(DRAE).*

discones. Alguna tía vieja salía furiosa en persecución de un muchacho que le había embadurnado el rostro con sangre, y, acudiendo a sus gritos y puteadas, los compañeros del rapaz la rodeaban y azuzaban como los perros al toro y llovían sobre ella zoquetes de carne, bolas de estiércol, con groseras carcajadas y gritos frecuentes, hasta que el juez mandaba restablecer el orden y despejar el campo.

Por un lado, dos muchachos se adiestraban en el manejo del cuchillo tirándose horrendos tajos y reveses; por otro, cuatro, ya adolescentes, ventilaban a cuchilladas el derecho a una tripa gorda y un mondongo[37] que habían robado a un carnicero; y no de ellos distante, porción de perros, flacos ya de la forzosa abstinencia, empleaban el mismo medio para saber quién se llevaría un hígado envuelto en barro. Simulacro en pequeño era éste del modo bárbaro con que se ventilan en nuestro país las cuestiones y los derechos individuales y sociales. En fin, la escena que se representaba en el matadero era para vista, no para escrita.

Un animal había quedado en los corrales, de corta y ancha cerviz, de mirar fiero, sobre cuyos órganos genitales no estaban conformes los pareceres porque tenía apariencias de toro y de novillo. Llególe su hora. Dos enlazadores a caballo penetraron al corral en cuyo contorno hervía la chusma a pie, a caballo y horquetada sobre sus ñudosos palos. Formaban en la puerta el más grotesco y sobresaliente grupo varios pialadores[38] y enlazadores de a pie con el brazo desnudo y armados del certero lazo, la cabeza cubierta con un pañuelo punzó y chaleco y chiripá colorado[39], teniendo a sus espaldas varios jinetes y espectadores de ojo escrutador y anhelante.

El animal, prendido ya al lazo por las astas, bramaba echando espuma, furibundo, y no había demonio que lo hiciera salir

---

[37] *mondongo:* panza de la res *(DRAE).*

[38] *pialar:* americanismo, enlazar a un animal por las patas para derribarlo, apealar.

[39] *punzó, colorado:* colores emblemáticos del partido federal usados en las prendas de vestir como muestra explícita de adhesión al régimen. El pañuelo a la cabeza anudado en la nuca (o el gorro), el chaleco y chiripá rojos fue el uniforme de los mazorqueros y de los «colorados del monte», tropas federales adiestradas y reclutadas por Rosas entre los gauchos de las estancias.

del pegajoso barro donde estaba como clavado y era imposible pialarlo. Gritábanlo, lo azuzaban en vano con las mantas y pañuelos los muchachos prendidos sobre las horquetas[40] del corral, y era de oír la disonante batahola de silbidos, palmadas y voces tiples y roncas que se desprendía de aquella singular orquesta.

Los dicharachos, las exclamaciones chistosas y obscenas rodaban de boca en boca y cada cual hacía alarde espontáneamente de su ingenio y de su agudeza excitado por el espectáculo o picado por el aguijón de alguna lengua locuaz.

—Hi de p... en el toro.

—Al diablo los torunos del Azul[41].

—Mal haya el tropero que nos da gato por liebre.

—Si es novillo.

—¿No está viendo que es toro viejo?

—Como toro le ha de quedar. ¡Muéstreme los c..., si le parece, c...o!

—Ahí los tiene entre las piernas. No los ve, amigo, más grandes que la cabeza de su castaño[42]; ¿o se ha quedado ciego en el camino?

—Su madre sería la ciega, pues que tal hijo ha parido. ¿No ve que todo ese bulto es barro?

—Es emperrado y arisco como un unitario —y al oír esta mágica palabra todos a una voz exclamaron:

—¡Mueran los salvajes unitarios!

—Para el tuerto los h...

—Sí, para el tuerto, que es hombre de c... para pelear con los unitarios.

—El matahambre[43] a Matasiete, degollador de unitarios. ¡Viva Matasiete!

---

[40] *horqueta:* poste que termina en dos troncos que forman ángulo.

[41] *Azul:* departamento o partido de la provincia de Buenos Aires, situado a unos 300 kilómetros al sur de la capital. Región de pastos naturales y de reputada ganadería.

[42] *su castaño:* referencia al caballo de pelaje castaño.

[43] *el matahambre:* o «matambre». En Argentina, capa de carne fina y plana ubicada entre el costillar y el cuero de la res. En su artículo «Apología del matambre. Cuadro de costumbres argentinas», Echeverría lo aprecia y describe: «El matambre nace pegado a ambos costillares del ganado vacuno y al cuero que le sirve de vestimenta» (*O. C.,* t. V, pág. 203).

—¡A Matasiete el matahambre!

—Allá va —gritó una voz ronca interrumpiendo aquellos desahogos de la cobardía feroz—. ¡Allá va el toro!

—¡Alerta! Guarda los de la puerta. ¡Allá va furioso como un demonio!

Y, en efecto, el animal acosado por los gritos y sobre todo por dos picanas agudas que le espoleaban la cola, sintiendo flojo el lazo, arremetió bufando a la puerta, lanzando a entrambos lados una rojiza y fosfórica mirada. Diole el tirón el enlazador sentando su caballo, desprendió el lazo de la asta, crujió por el aire un áspero zumbido y al mismo tiempo se vio rodar desde lo alto de una horqueta del corral, como si un golpe de hacha la hubiese dividido a cercén, una cabeza de niño cuyo tronco permaneció inmóvil sobre su caballo de palo, lanzando por cada arteria un largo chorro de sangre[44].

—Se cortó el lazo —gritaron unos—, allá va el toro —pero otros, deslumbrados y atónitos, guardaron silencio porque todo fue como un relámpago.

Desparramóse un tanto el grupo de la puerta. Una parte se agolpó sobre la cabeza y el cadáver palpitante del muchacho degollado por el lazo, manifestando horror en su atónito semblante, y la otra parte, compuesta de jinetes que no vieron la catástrofe, se escurrió en distintas direcciones en pos del toro, vociferando y gritando: —¡Allá va el toro! ¡Atajen! ¡Guarda! —Enlaza, Sietepelos. —¡Que te agarra, Botija! —Va furioso; no se le pongan delante. —¡Ataja, ataja, morado! —Dele espuela al mancarrón. —Ya se metió en la calle sola[45]. —¡Que lo ataje el diablo!

El tropel y vocería era infernal. Unas cuantas negras achuradoras, sentadas en hilera al borde del zanjón, oyendo el tumulto se acogieron y agazaparon entre las panzas y tripas que desenredaban y devanaban con la paciencia de Penélope, lo que sin duda las salvó, porque el animal lanzó al mirarlas un

---

[44] Cuadro de un naturalismo crudo que prepara para el cruento desenlace. Según Noé Jitrik, esta escena separa el cuadro de costumbres introductorio del cuento propiamente dicho.

[45] *la calle sola:* nombre con el que se designaba en la época a la actual calle Vieytes.

bufido aterrador, dio un brinco sesgado y siguió adelante perseguido por los jinetes. Cuentan que una de ellas se fue de cámaras, otra rezó diez salves en dos minutos, y dos prometieron a San Benito no volver jamás a aquellos malditos corrales y abandonar el oficio de achuradoras. No se sabe si cumplieron la promesa.

El toro, entre tanto, tomó hacia la ciudad por una larga y angosta calle que parte de la punta más aguda del rectángulo anteriormente descripto, calle encerrada por una zanja y un cerco de tunas[46], que llaman *sola* por no tener más de dos casas laterales y en cuyo apozado centro había un profundo pantano que tomaba de zanja a zanja. Cierto inglés, de vuelta de su saladero, vadeaba este pantano a la sazón, paso a paso, en un caballo algo arisco, y sin duda iba tan absorto en sus cálculos que no oyó el tropel de jinetes ni la gritería sino cuando el toro arremetía al pantano. Azoróse de repente su caballo dando un brinco al sesgo y echó a correr dejando al pobre hombre hundido media vara en el fango. Este accidente, sin embargo, no detuvo ni refrenó la carrera de los perseguidores del toro, antes al contrario, soltando carcajadas sarcásticas: —Se amoló el gringo; levántate, gringo —exclamaron, y, cruzando el pantano, amasaron con barro bajo las patas de sus caballos su miserable cuerpo. Salió el gringo, como pudo, después, a la orilla, más con la apariencia de un demonio tostado por las llamas del infierno que de un hombre blanco pelirrubio[47]. Más adelante al grito de: ¡Al toro! ¡Al toro!, cuatro negras achuradoras que se retiraban con su presa se zambulleron en la zanja llena de agua, único refugio que les quedaba.

El animal, entre tanto, después de haber corrido unas veinte cuadras[48] en distintas direcciones, azorando con su presencia a todo viviente, se metió por la tranquera de una quinta donde halló su perdición. Aunque cansado, manifestaba bríos y colé-

---

[46] *tuna:* voz taína, higuera de tuna, chumbera. Frecuentemente usada para hacer setos por sus agudas espinas.

[47] *Cierto inglés ... absorto en sus cálculos...:* episodio incidental que cumple una doble función: predispone para el desenlace, al mostrar la prepotencia de los federales, a la vez que hace una crítica implícita al imperialismo expoliador de turno (el inglés, en este caso), tema recurrente en la literatura hispanoamericana.

[48] *cuadra:* el lado de una manzana de casas; aproximadamente 100 metros.

rico ceño; pero rodeábalo una zanja profunda y un tupido cerco de pitas[49], y no había escape. Juntáronse luego sus perseguidores que se hallaban desbandados y resolvieron llevarlo en un señuelo de bueyes para que expiase su atentado en el lugar mismo donde lo había cometido.

Una hora después de su fuga el toro estaba otra vez en el matadero, donde la poca chusma que había quedado no hablaba sino de sus fechorías. La aventura del gringo en el pantano excitaba principalmente la risa y el sarcasmo. Del niño degollado por el lazo no quedaba sino un charco de sangre: su cadáver estaba en el cementerio.

Enlazaron muy luego por las astas al animal que brincaba haciendo hincapié y lanzando roncos bramidos. Echáronle uno, dos, tres piales[50]; pero infructuosos: al cuarto quedó prendido de una pata; su brío y su furia redoblaron; su lengua, estirándose convulsiva, arrojaba espuma, su nariz, humo, sus ojos, miradas encendidas. —¡Desgarreten[51] ese animal! —exclamó una voz imperiosa. Matasiete se tiró al punto del caballo, cortóle el garrón de una cuchillada y gambeteando[52] en torno de él con su enorme daga en mano, se la hundió al cabo hasta el puño en la garganta, mostrándola enseguida humeante y roja a los espectadores. Brotó un torrente de la herida, exhaló algunos bramidos roncos, vaciló y cayó el soberbio animal entre los gritos de la chusma que proclamaba a Matasiete vencedor y le adjudicaba en premio el matambre. Matasiete extendió, como orgulloso, por segunda vez el brazo y el cuchillo ensangrentado y se agachó a desollarle con otros compañeros.

Faltaba que resolver la duda sobre los órganos genitales del muerto, clasificado provisoriamente de toro por su indominable fiereza; pero estaban todos tan fatigados de la larga tarea que la echaron por lo pronto en olvido. Mas de repente una

---

[49] *pita:* voz taína; planta originaria de México, con hojas carnosas como pencas piramidales y alargadas, con espinas en ambos bordes y en la punta; frecuentemente usada para setos.

[50] *echar un pial:* americanismo por apealar, echar un peal. Ver nota 38.

[51] *desgarretar:* por desjarretar; cortar el jarrete o corvejón de la pierna del animal para inmovilizarlo. En el antiguo francés «tocar a desjarrete» significaba tocar a matar el toro.

[52] *gambetear:* cfr. nota 35.

voz ruda exclamó: —Aquí están los huevos —sacando de la barriga del animal y mostrando a los espectadores, dos enormes testículos, signo inequívoco de su dignidad de toro. La risa y la charla fue grande; todos los incidentes desgraciados pudieron fácilmente explicarse. Un toro en el matadero era cosa muy rara, y aun vedada. Aquél, según reglas de buena policía, debió arrojarse a los perros; pero había tanta escasez de carne y tantos hambrientos en la población, que el señor juez tuvo a bien hacer ojo lerdo[53].

En dos por tres estuvo desollado, descuartizado y colgado en la carreta el maldito toro. Matasiete colocó el matambre bajo el pellón de su recado[54] y se preparaba a partir. La matanza estaba concluida a las doce, y la poca chusma que había presenciado hasta el fin, se retiraba en grupos de a pie y de a caballo, o tirando a la cincha algunas carretas cargadas de carne.

Mas de repente la ronca voz de un carnicero gritó: —¡Allí viene un unitario! —y al oír tan significativa palabra toda aquella chusma se detuvo como herida de una impresión subitánea.

—¿No le ven la patilla en forma de U?[55]. No trae divisa en el fraque ni luto en el sombrero[56].

—Perro unitario.

—Es un cajetilla[57].

—Monta en silla[58] como los gringos.

---

[53] *hacer ojo lerdo:* hacer la vista gorda.

[54] *recado:* en el «Río de la Plata, apero, silla de montar» *(DRAE)*.

[55] *patilla en U:* se refiere, en realidad, a la barba recortada en forma de U y sin bigote, que era de uso distintivo entre los unitarios. Como contrapartida, el gran bigote identificaba a los federales.

[56] *divisa y luto:* Durante el régimen de Rosas, era obligatorio para los funcionarios públicos, y en la práctica para todos, el uso de la *divisa punzó,* una cinta roja con el color emblemático de la Federación, a la par que se proscribieron los colores azul y verde que distinguían a los unitarios. A la muerte de Encarnación Ezcurra (19 de octubre de 1838), mujer de Rosas, se impuso además, durante dos años, el «luto federal» que consistía en un brazalete con lazo negro en el brazo izquierdo y una cinta negra en el sombrero.

[57] *cajetilla:* en el Río de la Plata designa peyorativamente al señorito. Rosemblat lo define como «hombre urbano, atildado o petimetre». Según Gobello, se origina por metátesis del español jaquetilla: chaquetilla.

[58] *monta en silla:* velada acusación de elitismo extranjerizante; la silla o «mon-

—La Mazorca con él.

—¡La tijera!

—Es preciso sobarlo.

—Trae pistoleras por pintar[59].

—Todos estos cajetillas unitarios son pintores como el diablo.

—¿A que no te le animas, Matasiete?

—¿A que no?

—A que sí.

Matasiete era hombre de pocas palabras y de mucha acción. Tratándose de violencia, de agilidad, de destreza en el hacha, el cuchillo o el caballo, no hablaba y obraba. Lo habían picado: prendió la espuela a su caballo y se lanzó a brida suelta al encuentro del unitario.

Era éste un joven como de veinticinco años, de gallarda y bien apuesta persona, que mientras salían en borbotón de aquellas desaforadas bocas las anteriores exclamaciones, trotaba hacia Barracas[60], muy ajeno de temer peligro alguno. Notando, empero, las significativas miradas de aquel grupo de dogos de matadero, echa maquinalmene la diestra sobre las pistoleras de su silla inglesa, cuando una pechada[61] al sesgo del caballo de Matasiete lo arroja de los lomos del suyo tendiéndolo a la distancia boca arriba y sin movimiento alguno.

—¡Viva Matasiete! —exclamó toda aquella chusma cayendo en tropel sobre la víctima como los caranchos[62] rapaces sobre la osamenta de un buey devorado por el tigre.

Atolondrado todavía, el joven fue, lanzando una mirada de fuego sobre aquellos hombres feroces, hacia su caballo que permanecía inmóvil no muy distante, a buscar en sus pistolas

---

tura inglesa» era propia de los señoritos, mientras que los gauchos usaban el apero criollo o recado.

[59] *pintar:* o «hacer pinta», del lunfardo rioplatense, por hacer alarde, presumir, ostentar.

pintor: presumido, jactancioso.

[60] *Barracas:* en la época, zona del extrarradio porteño. Actualmente, nombre de un barrio de Buenos Aires. El término designa, en América, los edificios donde se almacenan cueros, cereales, etc., destinados al tráfico.

[61] *una pechada:* en Argentina, expresión rural que significa empujar, midiendo fuerzas, con el pecho del caballo a otro caballo con su jinete.

[62] *carancho:* ave de rapiña, carroñera, de la familia de las falcónidas.

el desagravio y la venganza. Matasiete, dando un salto le salió al encuentro, y con fornido brazo asiéndolo de la corbata lo tendió en el suelo tirando al mismo tiempo la daga de la cintura y llevándola a su garganta.

Una tremenda carcajada y un nuevo viva estertorio[63] volvió a victoriarlo[64].

¡Qué nobleza de alma! ¡Qué bravura en los federales! Siempre en pandilla cayendo como buitres sobre la víctima inerte.

—Degüéllalo, Matasiete: quiso sacar las pistolas. Degüéllalo como al toro.

—Pícaro unitario. Es preciso tusarlo[65].

—Tiene buen pescuezo para el violín.

—Tocale[66] el violín.

—Mejor es resbalosa[67].

—Probemos —dijo Matasiete, y empezó sonriendo a pasar el filo de su daga por la garganta del caído, mientras con la rodilla izquierda le comprimía el pecho y con la siniestra mano le sujetaba por los cabellos.

—No, no le degüellen —exclamó de lejos la voz imponente del juez del matadero, que se acercaba a caballo.

—A la casilla con él, a la casilla. Preparen la mashorca[68] y las tijeras. ¡Mueran los salvajes unitarios! ¡Viva el Restaurador de las leyes!

—¡Viva Matasiete!

—¡Mueran! ¡Vivan! —repitieron en coro los espectadores y atándole codo con codo, entre moquetes y tirones, entre vociferaciones e injurias, arrastraron al infeliz joven al banco del tormento como los sayones al Cristo.

La sala de la casilla tenía en su centro una grande y fornida

---

[63] *estertorio:* forma vulgar de estertóreo, que seguramente está usado equivocadamente, por estentóreo.

[64] *victoriar:* vulgarismo, por vitorear.

[65] *tusar:* americanismo, cortar las crines a un animal.

[66] *tocale:* acentuación grave del verbo exigida por el voseo. Cfr. nota 32.

[67] *el violín, la resbalosa,* nombres dados en la jerga mazorquera a formas de tortura que consistían en la muerte lenta por degüello. Una letrilla de la época alude al hecho: «Al que con salvajes tenga relación / verga por los lomos sin cuenta y razón, / y si se resiste, violín y violón.»

[68] *La mashorca:* cfr. nota 26.

mesa de la cual no salían los vasos de bebida y los naipes sino para dar lugar a las ejecuciones y torturas de los sayones federales del matadero. Notábase, además, en un rincón, otra mesa chica con recado de escribir y un cuaderno de apuntes y porción de sillas entre las que resaltaba un sillón de brazos destinado para el juez. Un hombre, soldado en apariencia, sentado en una de ellas, cantaba al son de la guitarra la resbalosa[69], tonada de inmensa popularidad entre los federales, cuando la chusma, llegando en tropel al corredor de la casilla, lanzó a empellones al joven unitario hacia el centro de la sala.

—A ti te toca la resbalosa —gritó uno.

—Encomienda tu alma al diablo.

—Está furioso como toro montaraz.

—Ya le amansará el palo.

—Es preciso sobarlo.

—Por ahora verga y tijera.

—Si no, la vela.

—Mejor será la mazorca.

—Silencio y sentarse —exclamó el juez, dejándose caer sobre su sillón. Todos obedecieron, mientras el joven, de pie, encarando al juez, exclamó con voz preñada de indignación:

—Infames sayones, ¿qué intentan hacer de mí?

—¡Calma! —dijo sonriendo el juez—, no hay que encolerizarse. Ya lo verás.

El joven, en efecto, estaba fuera de sí de cólera. Todo su cuerpo parecía estar en convulsión. Su pálido y amoratado rostro, su voz, su labio trémulo, mostraban el movimiento convulsivo de su corazón, la agitación de sus nervios. Sus ojos de fuego parecían salirse de la órbita, su negro y lacio cabello se levantaba erizado. Su cuello desnudo y la pechera de su camisa dejaban entrever el latido violento de sus arterias y la respiración anhelante de sus pulmones.

—¿Tiemblas? —le dijo el juez.

—De rabia, porque no puedo sofocarte entre mis brazos.

—¿Tendrías fuerzas y valor para eso?

—Tengo de sobra voluntad y coraje para ti, infame.

---

[69] *La resbalosa:* en este caso el autor se refiere a la zamba o canción adoptada como emblema por los federales.

—A ver las tijeras de tusar mi caballo: túsenlo a la federala[70].

Dos hombres le asieron, uno de la ligadura del brazo, otro de la cabeza, y en un minuto cortáronle la patilla que poblaba toda su barba por bajo, con risa estrepitosa de sus espectadores.

—A ver —dijo el juez—, un vaso de agua para que se refresque.

—Uno de hiel te haría yo beber, infame.

Un negro petizo[71] púsosele al punto delante con un vaso de agua en la mano. Diole el joven un puntapié en el brazo y el vaso fue a estrellarse en el techo, salpicando el asombrado rostro de los espectadores.

—Este es incorregible.

—Ya lo domaremos.

—Silencio —dijo el juez—, ya estás afeitado a la federala, sólo te falta el bigote. Cuidado con olvidarlo. Ahora vamos a cuentas.

—¿Por qué no traes divisa?[72].

—Porque no quiero.

—¿No sabes que lo manda el Restaurador?

—La librea es para vosotros, esclavos, no para los hombres libres.

—A los libres se les hace llevar a la fuerza.

—Sí, la fuerza y la violencia bestial. Esas son vuestras armas, infames. El lobo, el tigre, la pantera también son fuertes como vosotros. Deberíais andar como ellos en cuatro patas.

—¿No temes que el tigre te despedace?

—Lo prefiero a que, maniatado, me arranquen como el cuervo, una a una las entrañas.

—¿Por qué no llevas luto en el sombrero por la heroína?[73].

---

[70] *tusar a la federala:* en sentido figurado y peyorativo, equivale a afeitar las patillas y la barba según el uso federal.

[71] *petizo:* en el Río de la Plata, persona de poca estatura. Se origina probablemente, según Morínigo, en el francés *petit,* y puede tener significación burlona o injuriosa.

[72] *divisa:* cfr. nota 56.

[73] *luto ... por la heroína:* se refiere al luto por Encarnación Ezcurra. Confróntese nota 56.

—¡Porque lo llevo en el corazón por la Patria, por la Patria que vosotros habéis asesinado, infames!

—¿No sabes que así lo dispuso el Restaurador?

—Lo dispusisteis vosotros, esclavos, para lisonjear el orgullo de vuestro señor y tributarle vasallaje infame[74].

—¡Insolente!, te has embravecido mucho. Te haré cortar la lengua si chistas.

—Abajo los calzones a ese mentecato cajetilla y a nalga pelada denle verga, bien atado sobre la mesa.

Apenas articuló esto el juez, cuatro sayones, salpicados de sangre, suspendieron al joven y lo tendieron largo a largo sobre la mesa comprimiéndole todos sus miembros.

—Primero degollarme que desnudarme, infame canalla.

Atáronle un pañuelo por la boca y empezaron a tironear sus vestidos. Encogíase el joven, pateaba, hacía rechinar los dientes. Tomaban ora sus miembros la flexibilidad del junco, ora la dureza del fierro y su espina dorsal era el eje de un movimiento parecido al de la serpiente. Gotas de sudor fluían por su rostro, grandes como perlas; echaban fuego sus pupilas, su boca espuma, y las venas de su cuello y frente negreaban en relieve sobre su blanco cutis como si estuvieran repletas de sangre.

—Átenlo primero —exclamó el juez.

—Está rugiendo de rabia —articuló un sayón.

En un momento liaron sus piernas en ángulo a los cuatro pies de la mesa volcando su cuerpo boca abajo. Era preciso hacer igual operación con las manos, para lo cual soltaron las ataduras que las comprimían en la espalda. Sintiéndolas libres el joven, por un movimiento brusco en el cual pareció agotarse toda su fuerza y vitalidad, se incorporó primero sobre sus brazos, después sobre sus rodillas y se desplomó al momento murmurando: —Primero degollarme que desnudarme, infame canalla.

Sus fuerzas se habían agotado; inmediatamente quedó atado en cruz y empezaron la obra de desnudarlo. Entonces un torrente de sangre brotó borbolloneando de la boca y las narices

---

[74] —¿Por qué no traes divisa?... vasallaje infame: El autor, extralimitándose en sus funciones, se confunde con el personaje para expresar su indignación. El diálogo, adoctrinador, resulta enfático y sobreactuado.

del joven, y extendiéndose empezó a caer a chorros por entrambos lados de la mesa. Los sayones quedaron inmóviles y los espectadores estupefactos.

—Reventó de rabia el salvaje unitario —dijo uno.

—Tenía un río de sangre en las venas —articuló otro.

—Pobre diablo: queríamos únicamente divertirnos con él y tomó la cosa demasiado a lo serio —exclamó el juez frunciendo el ceño de tigre—. Es preciso dar parte, desátenlo y vamos.

Verificaron la orden; echaron llave a la puerta y en un momento se escurrió la chusma en pos del caballo del juez cabizbajo y taciturno.

Los federales habían dado fin a una de sus innumerables proezas.

En aquel tiempo los carniceros degolladores del matadero eran los apóstoles que propagaban a verga y puñal la federación rosina[75], y no es difícil imaginarse qué federación saldría de sus cabezas y cuchillas. Llamaban ellos salvaje unitario, conforme a la jerga inventada por el Restaurador, patrón de la cofradía, a todo el que no era degollador, carnicero, ni salvaje, ni ladrón; a todo hombre decente y de corazón bien puesto, a todo patriota ilustrado amigo de las luces y de la libertad; y por el suceso anterior puede verse a las claras que el foco de la federación estaba en el matadero.

---

[75] *rosina:* creación de palabra con intención satírica por cruce paronomástico del supuesto adjetivo derivado del patronímico *Rosas;* y *rocín* o *rocino* en sus dos acepciones: como caballo de mala traza y feo, y como «hombre tosco, ignorante y mal educado» *(DRAE).* En la segunda *Carta a de Angelis,* Echeverría explica la creación de este adjetivo: «... a mí se me ha antojado bautizar con el nombre de Federación Rosina o Mazorquera, porque Rosas la ha inventado y la mazorca es su medio de gobierno».

La cautiva

Advertencia[1]

El principal designio del autor de *La cautiva* ha sido pintar algunos rasgos de la fisonomía poética del desierto; y para no reducir su obra a una mera descripción, ha colocado, en las vastas soledades de la Pampa, dos seres ideales, o dos almas unidas por el doble vínculo del amor y el infortunio. El suceso que poetiza, si no cierto, al menos entra en lo posible; y como no es del poeta contar menuda y circunstanciadamente a guisa de cronista o novelador, ha escogido sólo, para formar su cuadro, aquellos lances que pudieran suministrar más colores locales al pincel de la poesía; o más bien ha esparcido en torno de las dos figuras que lo componen, a algunos de los más peculiares ornatos de la naturaleza que las rodea. El Desierto es nuestro, es nuestro más pingüe patrimonio, y debemos poner nuestro conato en sacar de su seno, no sólo riqueza para nuestro engrandecimiento y bienestar, sino también poesía para nuestro deleite moral y fomento de nuestra literatura nacional.

Nada le compete anticipar sobre el fondo de su obra; pero hará notar que por una parte predomina en *La cautiva* la energía de la pasión manifestándose por actos; y por otra, el interno afán de su propia actividad, que poco a poco consume, y al cabo aniquila de un golpe, como el rayo, su débil existencia.

La marcha y término de todas las pasiones intensas, se realicen o no, es idéntica. Si satisfechas, la eficacia de la fruición las gasta, como el rozo los muelles de una máquina; si burladas, se evaporan en votos impotentes o matan; porque el estado ver-

---

[1] Esta advertencia de Echeverría sirve de prólogo a la edición príncipe de las *Rimas*, libro que se abre con el poema «La cautiva».

daderamente apasionado es estado febril y anormal, en el cual no puede nuestra frágil naturaleza permanecer mucho tiempo, y que debe necesariamente hacer crisis.

De intento usa a menudo de locuciones vulgares y nombra las cosas por su nombre, porque piensa que la poesía consiste principalmente en las ideas, y porque no siempre, como aquéllas, logran los circunloquios poner de bulto el objeto ante los ojos. Si esto choca a algunos, acostumbrados a la altisonancia de voces y al pomposo follaje de la poesía para sólo los sentidos, suya será la culpa, puesto que buscan, no lo que cabe en las miras del autor, sino lo que más con su gusto se aviene. Por desgracia esa poesía fícticia, hecha toda de hojarasca brillante, que se fatiga por huir el cuerpo al sentido recto, y anda siempre como a caza de rodeos y voces campanudas para decir nimiedades, tiene muchos partidarios; y ella sin duda ha dado margen a que vulgarmente se crea que la poesía exagera y miente. La poesía ni miente ni exagera. Sólo los oradores gerundios y los poetas sin alma toman el oropel y el rimbombo de las palabras por elocuencia y poesía. El poeta, es cierto, no copia sino a veces la realidad tal cual aparece comúnmente a nuestra vista; porque ella se muestra llena de imperfecciones y máculas, y aquesto sería obrar contra el principio fundamental del arte, que es representar lo Bello: empero él toma lo natural, lo real, como el alfarero la arcilla, como el escultor el mármol, como el pintor los colores; y con los instrumentos de su arte, lo embellece y artiza conforme a la traza de su ingenio; a imagen y semejanza de las arquetipas concepciones de su inteligencia. La naturaleza y el hombre le ofrecen colores primitivos que él mezcla y combina en su paleta; figuras bosquejadas que él coloca en relieve, retoca y caracteriza; arranques instintivos, altas y generosas ideas, que él convierte en simulacros excelsos de inteligencia y libertad, estampando en ellos la más brillante y elevada forma que pueda concebir el humano pensamiento. Ella es como la materia que transforman sus manos y anima su inspiración. El verdadero poeta idealiza. Idealizar es sustituir a la tosca e imperfecta realidad de la naturaleza, el vivo trasunto de la acabada y sublime realidad que nuestro espíritu alcanza.

La belleza física y moral, así concebida, tanto en las ideas y

118

afectos del hombre como en sus actos, tanto en Dios como en sus magníficas obras; he aquí la inagotable fuente de la poesía, el principio y meta del Arte, y la alta esfera en que se mueven sus maravillosas creaciones.

Hay otra poesía que no se encumbra tanto como la que primero mencionamos; que más humilde y pedestre viste sencillez prosaica, copia lo vulgar, porque no ve lo poético, y cifra todo su gusto en llevar por únicas galas el verso y la rima. Una y otra se paran y embelesan en la contemplación de la corteza; no buscan el fondo de la poesía porque lo desconocen, y jamás por lo mismo sugieren una idea ni mueven ni arrebatan. Ambas, careciendo de meollo o sustancia, son insípidas como frutos sin sazón. El público dirá si estas Rimas tienen parentesco inmediato con algunas de ellas.

La forma, es decir, la elección del metro, la exposición y estructura de *La cautiva*, son exclusivamente del autor quien, no reconociendo forma alguna normal en cuyo molde deban necesariamente vaciarse las concepciones artísticas, ha debido escoger la que mejor cuadrase a la realización de su pensamiento.

Si el que imita a otro no es poeta, menos lo será el que, antes de darlo a luz, mutila su concepto para poderlo embutir en un patrón dado, pues esta operación mecánica prueba carencia de facultad generatriz. La forma artística está como asida al pensamiento, nace con él, lo encarna y le da propia y característica expresión. Por no haber alcanzado este principio, los preceptistas han clasificado la poesía, es decir, lo más íntimo que produce la inteligencia, como el mineralogista los cristales, por su figura y apariencia externa; y han inventado porción de nombres que nada significan, como letrillas, églogas, idilios, etcétera, y aplicándolos a cada uno de los géneros especiales en que la subdividieron. Para ellos y su secta la poesía se reduce a imitaciones y modelos, y toda la labor del poeta debe ceñirse a componer algo que, amoldándose a algún ejemplar conocido, sea digno de entrar en sus arbitrarias clasificaciones, so pena de cerrarle, si contraviene, todas las puertas y resquicios de su Parnaso. Así fue cómo, preocupados con su doctrina, la mayor parte de los poetas españoles se empeñaron únicamente en llenar tomos de idilios, églogas, sonetos, canciones y anacreónticas; y malgastaron su ingenio en lindas trivialidades que empa-

119

lagan, y no dejan rastro alguno en el corazón o el entendimiento.

En cuanto al metro octosílabo en que va escrito este tomo, sólo dirá: que un día se apasionó de él, a pesar del descrédito a que lo habían reducido los copleros, por parecerle uno de los más hermosos y flexibles de nuestro idioma; y quiso hacerle recobrar el lustre de que gozaba en los más floridos tiempos de la poesía castellana, aplicándolo a la expresión de ideas elevadas y de profundos afectos. Habrá conseguido su objeto si el lector, al recorrer sus *Rimas* no echa de ver que está leyendo octosílabos.

El metro, o mejor, el ritmo es la música por medio de la cual la poesía cautiva los sentidos y obra con más eficacia en el alma. Ora vago y pausado, remeda el reposo o las cavilaciones de la melancolía; ya sonoro y veloz, la tormenta de los afectos; con una disonancia hiere, con una armonía hechiza; y hace, como dice F. Schlegel, fluctuar el ánimo entre el recuerdo y la esperanza, pareando o alternando sus rimas. El diestro tañedor modula con él en todos los tonos del sentimiento, y se eleva al sublime concierto del entusiasmo y de la pasión.

No hay, pues, sin ritmo poesía completa. Instrumento del arte debe en manos del poeta armonizar con la inspiración, y ajustar sus compases al vario movimiento de los afectos. De aquí nace la necesidad de cambiar a veces de metro, para retener o acelerar la voz, y dar, por decirlo así, al canto las entonaciones conformes al efecto que se intenta producir.

El «Himno al dolor» y los versos «Al corazón» son de la época de los *Consuelos,* o melodías de la misma lira. Aun cuando parezcan desahogos del sentir individual, las ideas que contienen pertenecen a la humanidad; puesto que el corazón del hombre fue formado de la misma sustancia y animado por el mismo soplo.

La cautiva

Female hearts are such a genial soil
For Kinderfeelings, whatsoe'er their nation,
They naturally pour the «wine and oil»
Samaritans in every situation;

BYRON[1]

En todo clima el corazón de la mujer es
tierra fértil en afectos generosos: —ellas
en cualquier circunstancia de la vida saben, como la Samaritana, prodigar el óleo
y el vino.

A ÉL...

---

[1] Aunque cada canto tiene su epígrafe, según el uso romántico, es significativo el hecho de que todo el poema lleve uno de Byron, autor que influye decididamente sobre Echeverría, y a quien, puede deducirse, le dedica *La cautiva.* Juan
María Gutiérrez suprime esta dedicatoria en sus ediciones de 1843 *(América poética,* Valparaíso, Imprenta del Mercurio) y de 1870 *(Obras completas,* Buenos Aires, Imprenta de Mayo, t. I). Ediciones posteriores agregan la cita de Byron a
continuación de la de Víctor Hugo, como epígrafes sucesivos del primer canto.
Es, sin embargo, relevante conservar el orden dado por el autor que muestra
con él sus prioridades. El epígrafe y la eventual dedicatoria a Byron se explican
por el deslumbramiento de Echeverría por el poeta inglés; al recordar sus lecturas de París, escribe: «Shakespeare, Schiller, Goethe, y especialmente Byron, me
conmovieron profundamente y me revelaron un mundo nuevo.»

Parte primera

Ils vont. L'espace est grand[2].
HUGO

---

[2] Del poema «Mazeppa» de los *Los orientales* de Victor Hugo. La gran estepa por la que deambulan los cosacos al mando de Mazeppa recuerda la llanura infinita de la pampa argentina, «el Desierto inconmesurable», protagonista de este primer canto y motivo central de todo el poema.

Parte primera

I

El Desierto

Era la tarde, y la hora
en que el sol la cresta dora
de los Andes. El Desierto
inconmensurable, abierto,
y misterioso a sus pies   5
se extiende; triste el semblante,
solitario y taciturno
como el mar, cuando un instante
al crepúsculo nocturno,
pone rienda a su altivez.   10

Gira en vano, reconcentra
su inmensidad, y no encuentra
la vista, en su vivo anhelo,
do fijar su fugaz vuelo,
como el pájaro en el mar.   15
Doquier campos y heredades
del ave y bruto guaridas,
doquier cielo y soledades
de Dios sólo conocidas,
que Él sólo puede sondar.   20

A veces, la tribu errante,
sobre el potro rozagante,

cuyas crines altaneras
flotan al viento ligeras,
lo cruza cual torbellino,   25
y pasa; o su toldería*
sobre la grama frondosa
asienta, esperando el día
duerme, tranquila reposa,
sigue veloz su camino.   30

¡Cuántas, cuántas maravillas,
sublimes y a par sencillas,
sembró la fecunda mano
de Dios allí! ¡Cuánto arcano
que no es dado al vulgo[3] ver!   35
La humilde yerba, el insecto,
la aura[4] aromática y pura,
el silencio, el triste aspecto
de la grandiosa llanura,
el pálido anochecer.   40

Las armonías del viento
dicen más al pensamiento
que todo cuanto a porfía
la vana filosofía
pretende altiva enseñar.   45
¿Qué pincel podrá pintarlas
sin deslucir su belleza?
¿Qué lengua humana alabarlas?
Sólo el genio su grandeza
puede sentir y admirar.   50

Ya el sol su nítida frente
reclinaba en occidente,

_____

* *toldería:* El conjunto de chozas o el aduar del salvaje. *(N. del A.).*

[3] *vulgo:* en las *O.C.* aparece «mundo» en vez de *vulgo.* La sustitución evita el
matiz peyorativo y la consecuente incoherencia ideológica de su autor, defensor
de la igualdad y la democracia.

[4] *la aura:* el artículo femenino permite la sinalefa requerida por la métrica.
En el mismo canto alterna con la forma corriente *el aura* (v. 61).

derramando por la esfera
de su rubia cabellera
el desmayado fulgor.   55
Sereno y diáfano el cielo,
sobre la gala verdosa
de la llanura, azul velo
esparcía, misteriosa
sombra dando a su color.   60

El aura, moviendo apenas
sus alas[5] de aroma llenas,
entre la yerba bullía
del campo que parecía
como un piélago ondear.   65
Y la tierra, contemplando
del astro rey la partida,
callaba, manifestando,
como en una despedida,
en su semblante pesar.   70

Sólo a ratos, altanero
relinchaba un bruto fiero
aquí o allá, en la campaña;
bramaba un toro de saña,
rugía un tigre feroz;   75
o las nubes contemplando,
como extático y gozoso,
el yajá*[6], de cuando en cuando,

---

[5] *alas:* en *O.C.* figura «olas».

* *yajá:* El P. Guevara hablando de esta ave, en su *Historia del Paraguay*, dice: «El *yahá*, justamente le podemos llamar el volador y centinela. Es grande de cuerpo y de pico pequeño. El color es ceniciento con un collarín de plumas blancas que le rodean. Las alas están armadas de un espolón colorado duro y fuerte con que pelea... En su canto repiten estas voces, *yahá, yahá*, que significan (en guaraní) "vamos, vamos", de donde se les impuso el nombre. El misterio y significación es que estos pájaros velan de noche, y en sintiendo ruido de gente que viene, empiezan a repetir *yahá, yahá*, como si dijeran: "Vamos, vamos, que hay enemigos, y no estamos seguros de sus asechanzas." Los que saben esta propiedad del *yahá*, luego que oyen su canto se ponen en vela, temiendo vengan

turbaba el mudo reposo
con su fatídica voz.   80

Se puso el sol; parecía
que el vasto horizonte ardía:
la silenciosa llanura
fue quedando más obscura,
más pardo el cielo, y en él,   85
con luz trémula brillaba
una que otra estrella, y luego
a los ojos se ocultaba,
como vacilante fuego
en soberbio chapitel[7].   90

El crepúsculo, entretanto,
con su claroscuro manto,
veló la tierra; una faja,
negra como una mortaja,
el occidente cubrió[8];   95
mientras la noche bajando
lenta venía, la calma,
que contempla suspirando
inquieta a veces el alma,
con el silencio reinó.   100

---

enemigos para acometerlos.» En la provincia se le llama chajá o yajá indistinta-
mente. *(N. del A.)*

[6] Esta ave zancuda, propia de los llanos de Argentina, Uruguay y Paraguay,
y que «siempre alerta, avisa el paso de algún ser extraño con su grito desapaci-
ble» (Dicc. Morínigo), es figura frecuente en la literatura pampeana; en el poema *Martín Fierro* de José Hernández, el chajá alerta al gaucho sobre la llegada de
la partida oficial que viene a detenerlo: *«Me encontraba, como digo, / en aquella sole-
dá, / entre tanta escuridá, / echando al viento mis quejas, / cuando el grito del chajá / me
hizo parar las orejas.»*

[7] *chapitel:* del antiguo francés, remate de las torres piramidales *(DRAE)*, ca-
pitel. Es frecuente en el poema la preferencia por términos de origen francés o
por construcciones galicadas, un dato más sobre el afrancesamiento de Echeverría y su generación.

[8] La correspondencia romántica entre el escenario natural y las acciones de
los personajes está presente en estos versos: el duelo del paisaje anticipa el clima
luctuoso en el que desembocarán los cuadros posteriores.

Entonces, como el rüido
que suele hacer el tronido
cuando retumba lejano,
se oyó en el tranquilo llano
sordo y confuso clamor;   105
se perdió... y luego violento,
como baladro[9] espantoso
de turba inmensa, en el viento
se dilató sonoroso,
dando a los brutos pavor.   110

Bajo la planta sonante
del ágil potro arrogante
el duro suelo temblaba,
y envuelto en polvo cruzaba
como animado tropel,   115
velozmente cabalgando;
víanse[10] lanzas agudas,
cabezas, crines ondeando,
y como formas desnudas
de aspecto extraño y crüel.   120

¿Quién es? ¿Qué insensata turba
con su alarido perturba
las calladas soledades
de Dios, do las tempestades
sólo se oyen resonar?   125
¿Qué humana planta orgullosa
se atreve a hollar el desierto
cuando todo en él reposa?
¿Quién viene seguro puerto
en sus yermos a buscar?   130

¡Oíd! Ya se acerca el bando
de salvajes, atronando

---

[9] *baladro:* «grito, alarido o voz espantosa» *(DRAE).*
[10] *vía(n):* forma poética sincopada de «veía». Frecuentemente en el poema alterna con el pretérito corriente «veía», atendiendo sólo a las exigencias métricas.

todo el campo convecino;
¡mirad! como torbellino
hiende el espacio veloz.   135
El fiero ímpetu no enfrena
del bruto que arroja espuma;
vaga al viento su melena,
y con ligereza suma
pasa en ademán atroz.   140

¿Dónde va? ¿De dónde viene?
¿De qué su gozo proviene?
¿Por qué grita, corre, vuela,
clavando al bruto la espuela,
sin mirar alrededor?   145
¡Ved que las puntas ufanas
de sus lanzas, por despojos,
llevan cabezas humanas,
cuyos inflamados ojos
respiran aún furor!   150

Así el bárbaro hace ultraje
al indomable coraje
que abatió su alevosía;
y su rencor todavía
mira, con torpe placer,   155
las cabezas que cortaron
sus inhumanos cuchillos,
exclamando: —«Ya pagaron
del cristiano[11] los caudillos
el feudo a nuestro poder.   160

Ya los ranchos*[12] do vivieron
presa de las llamas fueron,

---

[11] *cristiano:* usado en América como sinónimo de «hombre blanco» (criollo o europeo) por oposición a «indio».

* *ranchos:* Cabañas pajizas de nuestros campos. *(N. del A.)*

[12] Llama la atención que Echeverría vea la necesidad de aclarar palabras como *rancho* o *toldería,* entre otras, de uso corriente en Argentina. En las «No-

y muerde el polvo abatida
su pujanza tan erguida.
¿Dónde sus bravos están? 165
Vengan hoy del vituperio,
sus mujeres, sus infantes,
que gimen en cautiverio,
a libertar, y como antes,
nuestras lanzas probarán.» 170

Tal decía, y bajo el callo
del indómito caballo,
crujiendo el suelo temblaba;
hueco y sordo retumbaba
su grito en la soledad. 175
Mientras la noche, cubierto
el rostro en manto nubloso,
echó en el vasto desierto,
su silencio pavoroso,
su sombría majestad. 180

---

tas» finales del libro *Rimas,* donde aparece «La cautiva», aclara que «se ha creído
necesaria la explicación de algunas voces provinciales, por si llega este libro a
manos de algún extranjero poco familiarizado con nuestras cosas».

Parte segunda

*...orríbile favelle,
parole di dolore, accenti d'ira,
voci alte e fioche, e suon di man con elle
facévano un tumulto....*[13]

DANTE

---

[13] «...hórridas querellas, / voces altas y bajas en son de ira, / con golpes de mano a par de ellas, / como un tumulto...» (versos 25 a 28, canto 3.º, «El infierno» de la *Divina Comedia,* en traducción de B. Mitre). La confusión y el estrépito a que aluden estos versos de «El infierno» resumen el vigor de la «barbarie» que desplegará Echeverría en este canto, uno de los mejores del poema.

II

El festín

Noche es el vasto horizonte,
noche el aire, cielo y tierra.
Parece haber apiñado
el genio de las tinieblas,
para algún misterio inmundo,   5
sobre la llanura inmensa,
la lobreguez del abismo
donde inalterable reina.
Sólo inquietos divagando,
por entre las sombras negras,   10
los espíritus foletos[14]
con viva luz reverberan,
se disipan, reaparecen,
vienen, van, brillan, se alejan,
mientras el insecto chilla,   15
y en fachinales* o cuevas
los nocturnos animales
con triste aullido se quejan.

---

[14] *espíritus foletos:* fuegos fatuos. Del italiano, *folleto:* duende, trasgo. El clima del fragmento tiene mucho de superstición, leyenda popular y misterio, ingredientes buscados por el romanticismo.

* *fachinales:* Llámanse así, en la provincia, ciertos sitios húmedos y bajos en donde crece confusa y abundante la maleza. *(N. del A.)*

La tribu aleve, entretanto,
allá en la pampa[15] desierta,   20
donde el cristiano atrevido
jamás estampa la huella,
ha reprimido del bruto
la estrepitosa carrera;
y campo tiene fecundo   25
al pie de una loma extensa,
lugar hermoso, do a veces
sus tolderías asienta.
Feliz la maloca*[16] ha sido;
rica y de estima la presa   30
que arrebató a los cristianos:
caballos, potros y yeguas,
bienes que en su vida errante
ella más que el oro precia;
muchedumbre de cautivas,   35
todas jóvenes y bellas.
Sus caballos, en manadas,
pacen la fragante yerba;
y al lazo, algunos prendidos,
a la pica, o la manea,   40
de sus indolentes amos
el grito de alarma esperan.
Y no lejos de la turba,
que charla ufana y hambrienta,
atado entre cuatro lanzas,   45
como víctima en reserva,
noble espíritu valiente
mira vacilar su estrella;
al paso que su infortunio,
sin esperanza, lamentan,   50
rememorando su hogar,

---

[15] *pampa:* del quechua, llanura extensa y sin árboles.
 * *maloca:* Lo mismo que incursión o correría. *(N. del A.)*
[16] *maloca:* del araucano, *malocan;* ataque inesperado de indios con pillaje y exterminio (Dicc. Santamaría). Morínigo la registra como voz mapuche, sinónimo de «malón».

los infantes y las hembras.
Arden ya en medio del campo
cuatro extendidas hogueras,
cuyas vivas llamaradas   55
irradiando, colorean
el tenebroso recinto
donde la chusma hormiguea.
En torno al fuego sentados
unos lo atizan y ceban;   60
otros la jugosa carne
al rescoldo o llama tuestan.
Aquél come, éste destriza,
más allá alguno degüella
con afilado cuchillo   65
la yegua al lazo sujeta,
y a la boca de la herida,
por donde ronca y resuella,
y a borbollones arroja
la caliente sangre fuera,   70
en pie, trémula y convulsa,
dos o tres indios se pegan
como sedientos vampiros,
sorben, chupan, saborean
la sangre, haciendo mormullo,   75
y de sangre se rellenan.
Baja el pescuezo, vacila,
y se desploma la yegua
con aplausos de las indias
que a descuartizarla empiezan[17].   80
Arden en medio del campo,
con viva luz las hogueras;
sopla el viento de la pampa
y el humo y las chispas vuelan.
A la charla interrumpida,   85
cuando el hambre está repleta,

---

[17] El costumbrismo del principio de la descripción desemboca en el naturalismo de estas últimas imágenes que anticipan los tonos subidos y la truculencia
de *El matadero*.

sigue el cordial regocijo,
el beberaje[18] y la gresca,
que apetecen los varones,
y las mujeres detestan.   90
El licor espirituoso
en grandes bacías echan;
y, tendidos de barriga
en derredor, la cabeza
meten sedientos, y apuran   95
el apetecido néctar,
que bien pronto los convierte
en abominables fieras.
Cuando algún indio, medio ebrio,
tenaz metiendo la lengua   100
sigue en la preciosa fuente,
y beber también no deja
a los que aguijan furiosos,
otro viene, de las piernas
lo agarra, tira y arrastra,   105
y en lugar suyo se espeta[19].
Así bebe, ríe, canta,
y al regocijo sin rienda
se da la tribu; aquel ebrio
se levanta, bambolea,   110
a plomo cae, y gruñendo
como animal se revuelca.
Éste chilla, algunos lloran,
y otros a beber empiezan.
De la chusma toda al cabo   115
la embriaguez se enseñorea
y hace andar en remolino
sus delirantes cabezas;
entonces empieza el bullicio[20],

---

[18] *beberaje:* por borrachera; lo aclara el propio autor en las «Notas» que cierran las *Rimas.*

[19] *espetarse:* «en sentido figurado y familiar, encajarse» *(DRAE).*

[20] Verso de nueve sílabas. Para mantener el octosílabo es necesario forzar una sinalefa insonorizando la *s* de *entonces.*

y la algazara tremenda,   120
el infernal alarido
y las voces lastimeras,
mientras sin alivio lloran
las cautivas miserables,
y los ternezuelos niños,   125
al ver llorar a sus madres.
Las hogueras, entretanto,
en la obscuridad flamean,
y a los pintados semblantes
y a las largas cabelleras   130
de aquellos indios beodos,
da su vislumbre siniestra
colorido tan extraño,
traza tan horrible y fea,
que parecen del abismo   135
précito[21], inmunda ralea,
entregada al torpe gozo
de la sabática fiesta*[22].
Todos en silencio escuchan;
una voz entona recia   140
las heroicas alabanzas,
y los cantos de la guerra:

—Guerra, guerra, y exterminio[23]
al tiránico dominio
del huinca**; engañosa paz: 145

---

[21] *précito:* por precito, «condenado a las penas del infierno, réprobo»
(DRAE).

* *sabática fiesta:* Junta nocturna de los espíritus malignos, según tradición co-
municada a los pueblos cristianos por los judíos. *(N. del A.).*

[22] Por su ambientación americana, la escena resulta más próxima a «la sala-
manca» (nombre que se da en Argentina y Chile a una forma local del aquela-
rre) que a la *sabática fiesta,* como, por influencia europea, la llama el autor.

[23] El largo romance que describe el festín indígena es interrumpido, a partir
de este verso, por una interpolación retrospectiva (vs. 143-194) que actualiza
acciones pasadas y que va significada también por cambios formales estrófi-
cos y métricos (sextillas, coplas de pie quebrado, hexasílabos). Cfr. prólogo a esta edición, pág. 65.

** *huinca:* Voz con que designan los indios al cristiano u hombre que no es de
su raza. *(N. del A.).*

devore el fuego sus ranchos,
que en su vientre los caranchos*
    ceben el pico voraz.

Oyó gritos el caudillo,
y en su fogoso tordillo   150
    salió Brian;
pocos eran y él delante
venía, al bruto arrogante
    dio una lanzada Quillán.

Lo cargó al punto la indiada: 155
con la fulminante espada
    se alzó Brian;
grandes sus ojos brillaron,
y las cabezas rodaron
    de Quitur y Callupán.   160

Echando espuma y herido
como toro enfurecido
    se encaró,
ceño torvo revolviendo,
y el acero sacudiendo: 165
    nadie acometerlo osó.

*Valichu*** estaba en su brazo;
pero al golpe de un bolazo***
    cayó Brian
como potro en la llanura: 170

---

   * *carancho:* Ave de rapiña. *(N. del A.).*

   ** *Valichu:* Nombre que dan al espíritu maligno los indígenas de la pampa. Hemos leído en Falkner[24], Valichu: comúnmente se dice Gualichu. *(N. del A.)*

   [24] *Falkner*, Tomás. Etnólogo inglés y misionero jesuita que llegó a Argentina en 1729 y se dedicó a catequizar a los indios. Recorrió desde Tucumán a la Patagonia y recogió sus observaciones en *Descripción de la Patagonia y de las partes adyacentes de la América Meridional*, libro que seguramente conoció Echeverría.

   *** *bolas:* Arma arrojadiza, que se compone de tres correas trenzadas, ligadas por un extremo, y sujetando en el otro otras tantas esferas sólidas de metal o piedra. *(N. del A.)*

cebo en su cuerpo y hartura
encontrará el gavilán.

Las armas cobarde entrega
el que vivir quiere esclavo;
pero el indio guapo[25], no: 175
Chañil[26] murió como bravo,
batallando en la refriega,
de una lanzada murió.

Salió Brian airado
blandiendo la lanza,   180
con fiera pujanza
Chañil lo embistió;
del pecho clavado
en el hierro agudo,
con brazo forzudo,   185
Brian lo levantó.

Funeral sangriento
ya tuvo en el llano;
ni un solo cristiano
con vida escapó.   190
¡Fatal vencimiento!
Lloremos la muerte
del indio más fuerte
que la pampa crió.

Quiénes su pérdida lloran,   195
quiénes sus hazañas mentan.
Óyense voces confusas,
medio articuladas quejas,
baladros, cuyo son ronco
en la llanura resuena.   200
De repente todos callan,

---

[25] *guapo:* valiente, aguerrido.
[26] *Chañil, Quitur, Callupán, Quillán, Loncoy* (III, v. 216): nombres araucanos
usados para dar color local.

y un sordo mormullo reina,
semejante al de la brisa
cuando rebulle en la selva;
pero, gritando, algún indio   205
en la boca se palmea,
y el disonante alarido
otra vez el campo atruena.
El indeleble recuerdo
de las pasadas ofensas[27]   210
se aviva en su ánimo entonces,
y atizando su fiereza
al rencor adormecido
y a la venganza subleva.
En su mano los cuchillos,   215
a la luz de las hogueras,
llevando muerte relucen;
se ultrajan, riñen, vocean,
como animales feroces
se despedazan y bregan.   220
Y, asombradas, las cautivas
la carnicería horrenda
miran, y a Dios en silencio
humildes preces elevan.
Sus mujeres entretanto,   225
cuya vigilancia tierna
en las horas de peligro
siempre cautelosa vela,
acorren luego a calmar
el frenesí que los ciega,   230
ya con ruegos y palabras
de amor y eficacia llenas,
ya interponiendo su cuerpo

---

[27] *El indeleble recuerdo / de las pasadas ofensas:* puede verse en estos versos una
crítica velada a las expediciones militares que se emprendían en la época en
contra de los indios; y quizás aludan más específicamente a la «Campaña del desierto», en contra de las tribus pampas, dirigida por Juan Manuel de Rosas
en 1833, cuyos triunfos se niega a celebrar el poeta.

entre las armas sangrientas[28].
Ellos resisten y luchan,   235
las desoyen y atropellan,
lanzando injuriosos gritos;
y los cuchillos no sueltan
sino cuando, ya rendida
su natural fortaleza   240
a la embriaguez y al cansancio,
dobla el cuello y cae por tierra.
Al tumulto y la matanza
sigue el llorar de las hembras
por sus maridos y deudos,   245
las lastimosas endechas
a la abundancia pasada,
a la presente miseria,
a las víctimas queridas
de aquella noche funesta.   250
Pronto un profundo silencio
hace a los lamentos tregua,
interrumpido por ayes
de moribundos, o quejas,
risas, gruñir sofocado   255
de la embriagada torpeza;
al espantoso ronquido
de los que durmiendo sueñan,
los gemidos infantiles
del *ñacurutú** se mezclan;   260
chillidos, aúllos tristes
del lobo que anda a la presa.
De cadáveres, de troncos,
miembros, sangre y osamentas,
entremezclados con vivos,   265

---

[28] *Sus mujeres ... interponiendo su cuerpo:* sorprendente valoración de la mujer india cuando el indígena (subestimado en tantas ocasiones en el poema con los
apelativos de *chusma, canalla, salvaje, infiel, ralea,* etc.) era ignorado o despreciado,
tanto por los patricios y la burguesía dominante de Buenos Aires, como por los
criollos y gauchos de la campaña.

* *ñacurutú:* Especie de lechuza grande, cuyo grito se asemeja al sollozar de un
niño. *(N. del A.)*

cubierto aquel campo queda,
donde poco antes la tribu
llegó alegre y tan soberbia.
La noche en tanto camina
triste, encapotada y negra;
y la desmayada luz
de las festivas hogueras
sólo alumbra los estragos
de aquella bárbara fiesta.

Un malón (litografía de Lemercier, sobre un dibujo de Rugendas).

Parte tercera

Yo iba a morir, es verdad,
entre bárbaros crüeles,
y allí el pesar me mataba
de morir, mi bien, sin verte.
A darme la vida tú
saliste, hermosa, y valiente.

CALDERÓN

III

El puñal

Yace en el campo tendida,
cual si estuviera sin vida,
ebria, la salvaje turba,
y ningún ruido perturba
su sueño o sopor mortal.   5
Varones y hembras mezclados
todos duermen sosegados.
Sólo, en vano tal vez, velan
los que libertarse anhelan
del cautiverio fatal.   10

Paran la oreja bufando
los caballos, que vagando
libres despuntan la grama;
y a la moribunda llama
de las hogueras se ve,   15
se ve sola y taciturna,
símil a sombra nocturna,
moverse una forma humana,
como quien lucha y se afana,
y oprime algo bajo el pie.   20

Se oye luego triste aúllo,
y horrisonante mormullo[29],
semejante al del novillo
cuando el filoso cuchillo
lo degüella sin piedad,   25
y por la herida resuella,
y aliento y vivir por ella,
sangre hirviendo a borbollones,
en horribles convulsiones,
lanza con velocidad.   30

Silencio; ya el paso leve
por entre la yerba mueve,
como quien busca y no atina,
y temeroso camina
de ser visto o tropezar,   35
una mujer[30]: en la diestra
un puñal sangriento muestra,
sus largos cabellos flotan
desgreñados, y denotan
de su ánimo el batallar.   40

Ella va. Toda es oídos;
sobre salvajes dormidos
va pasando, escucha, mira,
se para, apenas respira,
y vuelve de nuevo a andar.   45
Ella marcha, y sus miradas
vagan en torno, azoradas,
cual si creyesen ilusas
en las tinieblas confusas
mil espectros divisar.   50

---

[29] *mormullo:* murmullo.
[30] *Silencio ... una mujer:* El desorden sintáctico, que pretende crear suspenso,
logra, por el contrario, una confusión entre el género femenino del antecedente
semántico *(mujer)* y el masculino de *temeroso* y *visto* que concuerdan con *quien,* su
antecedente sintáctico. Algunas ediciones posteriores han preferido poner en femenino «temerosa» y «vista» para clarificar el texto.

Ella va, y aun de su sombra,
como el criminal, se asombra;
alza, inclina la cabeza;
pero en un cráneo tropieza
y queda al punto mortal.   55
Un cuerpo gruñe y resuella,
y se revuelve; mas ella
cobra espíritu y coraje,
y en el pecho del salvaje
clava el agudo puñal.   60

El indio dormido expira,
y ella veloz se retira
de allí, y anda con más tino
arrastrando del destino
la rigorosa crueldad.   65
Un instinto poderoso,
un afecto generoso
la impele y guía segura,
como luz de estrella pura,
por aquella obscuridad.   70

Su corazón de alegría
palpita; lo que quería,
lo que buscaba con ansia
su amorosa vigilancia,
encontró gozosa al fin.   75
Allí, allí está su universo,
de su alma el espejo terso,
su amor, esperanza y vida;
allí contempla embebida
su terrestre serafín.   80

—Brian —dice—, mi Brian querido
busca durmiendo el olvido;
quizás ni soñando espera
que yo entre esta gente fiera

le venga a favorecer[31].   85
Lleno de heridas, cautivo,
no abate su ánimo altivo
la desgracia, y satisfecho
descansa, como en su lecho,
sin esperar, ni temer.   90

Sus verdugos, sin embargo,
para hacerle más amargo
de la muerte el pensamiento,
deleitarse en su tormento,
y más su rencor cebar   95
prolongando su agonía,
la vida suya, que es mía,
guardaron, cuando, triunfantes,
hasta los tiernos infantes
osaron despedazar,   100

arrancándolos del seno
de sus madres —idía lleno
de execración y amargura,
en que murió mi ventura,
tu memoria me da horror!—.   105
Así dijo, y ya no siente,
ni llora, porque la fuente
del sentimiento fecunda,
que el femenil pecho inunda,
consumió el voraz dolor.   110

Y el amor y la venganza
en su corazón alianza
han hecho, y sólo una idea
tiene fija y saborea
su ardiente imaginación.   115
Absorta el alma, en delirio

---

[31] *le venga a favorecer:* por «lo» venga... Rasgo de leísmo, presente en este y otros textos de Echeverría y frecuente en los autores de su generación, que hoy prácticamente ha desaparecido del Río de la Plata.

lleno de gozo y martirio
queda, hasta que al fin estalla
como volcán, y se explaya
la lava del corazón.   120

Allí está su amante herido,
mirando al cielo, y ceñido
el cuerpo con duros lazos,
abiertos en cruz los brazos,
ligadas manos y pies.   125
Cautivo está, pero duerme;
inmoble, sin fuerza, inerme
yace su brazo invencible:
de la pampa el león terrible
presa de los buitres es.   130

Allí, de la tribu impía,
esperando con el día
horrible muerte, está el hombre
cuya fama, cuyo nombre
era, al bárbaro traidor,   135
más temible que el zumbido
del hierro o plomo encendido;
más aciago y espantoso
que el *valichu*[32] rencoroso
a quien ataca su error.   140

Allí está; silenciosa ella,
como tímida doncella,
besa su entreabierta boca,
cual si dudara le toca
por ver si respira aún.   145
Entonces las ataduras,
que sus carnes roen duras,
corta, corta velozmente
con su puñal obediente,
teñido en sangre común.   150

---

[32] *valichu:* cfr. *N. del A.,* pág. 140.

Brian despierta; su alma fuerte,
conforme ya con su suerte,
no se conturba, ni azora;
poco a poco se incorpora,
mira sereno, y cree ver   155
un asesino: echan fuego
sus ojos de ira; mas luego
se siente libre, y se calma,
y dice: —¿Eres alguna alma[33]
que pueda y deba querer?   160

¿Eres espíritu errante,
ángel bueno, o vacilante
parto de mi fantasía?
—Mi vulgar nombre es María,
ángel de tu guarda soy;   165
y mientras cobra pujanza,
ebria la feroz venganza
de los bárbaros, segura,
en aquesta noche obscura,
velando a tu lado estoy: 170

nada tema tu congoja.—
Y enajenada se arroja
de su querido en los brazos,
la da mil besos y abrazos,
repitiendo: —Brian, Brian.—   175
La alma heroica del guerrero
siente el gozo lisonjero
por sus miembros doloridos
correr, y que sus sentidos
libres de ilusión están.   180

Y en labios de su querida
apura aliento de vida,

---

[33] *y dice: —¿eres alguna alma:* sinalefa forzada que no respeta la pausa de puntuación porque daría un verso de nueve sílabas. Son demasiado frecuentes en el
poema este tipo de transgresiones exigidas por la métrica.

y la estrecha cariñoso
y en éxtasis amoroso
ambos respiran así;   185
mas, súbito él la separa,
como si en su alma brotara
horrible idea, y la dice:
—María, soy infelice,
ya no eres digna de mí.   190

Del salvaje la torpeza
habrá ajado la pureza
de tu honor, y mancillado
tu cuerpo santificado
por mi cariño y tu amor;   195
ya no me es dado quererte[34].—
Ella le responde: —Advierte
que en este acero está escrito
mi pureza y mi delito,
mi ternura y mi valor.   200

Mira este puñal sangriento,
y saltará de contento
tu corazón orgulloso;
diómelo amor poderoso,
diómelo para matar   205
al salvaje que insolente
ultrajar mi honor intente;
para, a un tiempo, de mi padre,
de mi hijo tierno y mi madre,
la injusta muerte vengar[35].   210

---

[34] —*María soy infelice ... ya no me es dado quererte*: A la *e* paragógica exigida por
la rima, le sigue una situación forzada: las exigencias y el discurso de Brian en
tales circunstancias. Pero la ingratitud del amante y sus exigencias desmedidas
se explican, sin embargo, a partir de la idea romántica sobre la honra femenina
sustentada en la pureza física.

[35] *de mi hijo tierno ... la injusta muerte vengar*: Evidentemente, la pareja conoce la
muerte del hijo, mutilado por el cacique Loncoy. Sin embargo, en cantos posteriores parece olvidarse esta evidencia; cuando Brian, agonizante, pide a su mujer: *Vive, vive para tu hijo* (VIII, v. 291); y cuando María encuentra a la partida de

Y tu vida, más preciosa
que la luz del sol hermosa,
sacar de las fieras manos
de estos tigres inhumanos,
o contigo perecer.   215
Loncoy, el cacique altivo
cuya saña al atractivo
se rindió de estos mis ojos,
y quiso entre sus despojos
de Brian la querida ver,   220

después de haber mutilado
a su hijo tierno; anegado
en su sangre yace impura[36];
sueño infernal su alma apura:
diole muerte este puñal.   225
Levanta, mi Brian, levanta,
sigue, sigue mi ágil planta;
huyamos de esta guarida
donde la turba se anida
más inhumana y fatal.   230

—¿Pero adónde, adónde iremos?
¿Por fortuna encontraremos
en la pampa algún asilo,
donde nuestro amor tranquilo
logre burlar su furor?   235
¿Podremos, sin ser sentidos
escapar, y desvalidos
caminar a pie, ijadeando[37],

---

soldados y les pregunta por él (IX, v. 240). Hay además otro indicio (la acusación de Brian a los salvajes: *«Sus manos lavaron, ... en la sangre de mi hijo»* —VIII,
vs. 151-153—), que pierde, sin embargo, valor de testimonio por haber sido
hecha durante su delirio.

[36] *en su sangre yace impura:* hipérbaton forzado por la rima; dificulta la comprensión al interponer el verbo (yace) entre el sustantivo y su calificativo *(sangre
impura).*

[37] *ijadear:* «mover mucho y aceleradamente las ijadas, por efecto del cansancio» *(DRAE).*

156

con el hambre y sed luchando,
el cansancio y el dolor?   240

—Sí; el anchuroso desierto
más de un abrigo encubierto
ofrece, y la densa niebla,
que el cielo y la tierra puebla,
nuestra fuga ocultará.   245
Brian, cuando aparezca el día,
palpitantes de alegría,
lejos de aquí ya estaremos,
y el alimento hallaremos
que el cielo al infeliz da.   250

—Tú podrás, querida amiga,
hacer rostro a la fatiga,
mas yo, llagado y herido,
débil, exangüe, abatido,
¿cómo podré resistir?   255
Huye tú, mujer sublime,
y del oprobio redime
tu vivir predestinado;
deja a Brian infortunado,
solo, en tormentos morir[38].   260

—No, no, tu vendrás conmigo,
o pereceré contigo.
De la amada patria nuestra
escudo fuerte es tu diestra,
¿y qué vale una mujer?   265
Huyamos, tú de la muerte,
yo de la oprobiosa suerte
de los esclavos; propicio
el cielo este beneficio
nos ha querido ofrecer;   270

---

[38] Uno de tantos ejemplos de acumulación de vocabulario romántico *(subli-me, oprobio, redime, predestinado, infortunado, tormentos, morir)* con la que se consigue el tono exagerado propio de la escuela.

no insensatos lo perdamos.
Huyamos, mi Brian, huyamos;
que en el áspero camino
mi brazo, y poder divino
te servirán de sostén.   275
—Tu valor me infunde fuerza,
y de la fortuna adversa,
amor, gloria o agonía
participar con María
yo quiero; huyamos, ven, ven.—   280

Dice Brian y se levanta;
el dolor traba su planta,
mas devora el sufrimiento;
y ambos caminan a tiento
por aquella obscuridad.   285
Tristes van, de cuando en cuando
la vista al cielo llevando,
que da esperanza al que gime,
¿qué busca su alma sublime?
la muerte o la libertad[39].   290

—Y en esta noche sombría
¿quién nos servirá de guía?
—Brian, ¿no ves allá una estrella
que entre dos nubes centella
cual benigno astro de amor?   295
Pues ésa es por Dios enviada,
como la nube encarnada
que vio Israel prodigiosa;
sigamos la senda hermosa
que nos muestra su fulgor,   300

ella del triste desierto
nos llevará a feliz puerto.—
Ellos van; solas, perdidas,

---

[39] *la muerte o la libertad:* alternativa cabal del héroe romántico.

como dos almas queridas,
que amor en la tierra unió,   305
y en la misma forma de antes,
andan por la noche errantes,
con la memoria hechicera
del bien que en su primavera
la desdicha les robó.   310

Ellos van. Vasto, profundo
como el páramo del mundo
misterioso es el que pisan;
mil fantasmas se divisan,
mil formas vanas allí,   315
que la sangre joven hielan:
mas ellos vivir anhelan.
Brian desmaya caminando
y, al cielo otra vez mirando,
dice a su querida así: 320

—Mira: ¿no ves? la luz bella
de nuestra polar estrella
de nuevo se ha obscurecido,
y el cielo más denegrido
nos anuncia algo fatal.   325
—Cuando contrario el destino
nos cierre, Brian, el camino,
antes de volver a manos
de esos indios inhumanos,
nos queda algo: este puñal.   330

Parte cuarta

Già la terra e coperta d'uccisi;
tutta è sangue la vasta pianura; ...[40].
MANZONI.

Ya de muertos la tierra está cubierta,
y la vasta llanura toda es sangre.

---

[40] Del acto II de *El Conde de Carmagnola* (1817), de Alejandro Manzoni. El escritor milanés, autor de *Los novios,* fue muy leído y admirado por los románticos hispanoamericanos.

IV

La alborada

Todo estaba silencioso.
La brisa de la mañana
recién la yerba lozana
acariciaba, y la flor;
y en el oriente nubloso,   5
la luz apenas rayando
iba el campo matizando
de claroscuro verdor.

Posaba el ave en su nido;
ni del pájaro se oía   10
la variada melodía,
música que al alba da;
y sólo, al ronco bufido
de algún potro que se azora,
mezclaba su voz sonora   15
el agorero yajá[41].

En el campo de la holganza,
so la techumbre del cielo,
libre, ajena de recelo,
dormía la tribu infiel;   20

---

[41] *yajá:* cfr. *N. del A.,* pág. 127.

mas la terrible venganza
de su constante enemigo
alerta estaba, y castigo
le preparaba crüel.

Súbito, al trote asomaron   25
sobre la extendida loma
dos jinetes, como asoma
el astuto cazador;
y al pie de ella divisaron
la chusma[42] quieta y dormida,   30
y volviendo atrás la brida
fueron a dar el clamor

de alarma al campo cristiano.
Pronto en brutos altaneros
un escuadrón de lanceros   35
trotando allí se acercó,
con acero y lanza en mano;
y en hileras dividido
al indio, no apercibido,
en doble muro encerró.   40

Entonces, el grito «Cristiano, cristiano»[43]
        resuena en el llano,
«Cristiano» repite confuso clamor.
La turba que duerme despierta turbada[44],

---

[42] *chusma:* voz quechua; en Argentina, «los indios e indias sin importancia ni autoridad, que están al servicio de un cacique y que componen una toldería o campamento» (Dicc. Morínigo). Esta acepción es quizás más precisa en este contexto; en otras partes del poema se la usa con el valor de su homónimo español que procede del italiano *ciurma,* canalla.

[43] Cambio métrico y rítmico que acompaña la reacción desordenada, sin tino ni concierto, de la tribu índigena sorprendida en su reposo. Echeverría, que conoce esta técnica muy usada en la poesía romántica, teoriza en la «Advertencia» sobre «la necesidad de cambiar a veces de metro, para retener o acelerar la voz, y dar, por decirlo así, al canto las entonaciones conformes al efecto que se intenta producir».

[44] *La turba ... turbada:* políptoton que se amplía en el verso 49 con la palabra *conturba* y que, onomatopéyicamente, refuerza el desconcierto de la situación.

clamando azorada,   45
«Cristiano nos cerca, cristiano traidor».

Niños y mujeres, llenos de conflito,
      levantan el grito;
sus almas conturba la tribulación;
los unos pasmados, al peligro horrendo,   50
      los otros huyendo,
corren, gritan, llevan miedo y confusión.

Quién salta al caballo que encontró primero,
      quién toma el acero,
quién corre su potro querido a buscar;   55
mas ya la llanura cruzan desbandadas,
      yeguas y manadas,
que el cauto enemigo las hizo espantar.

En trance tan duro los carga el cristiano,
      blandiendo en su mano   60
la terrible lanza, que no da cuartel.
Los indios más bravos luchando resisten,
      cual fieras embisten:
el brazo sacude la matanza cruel.

El sol aparece; las armas agudas   65
      relucen desnudas,
horrible la muerte se muestra doquier.
En lomos del bruto, la fuerza y coraje,
      crece del salvaje,
sin su apoyo, inerme, se deja vencer.   70

Pie en tierra poniendo la fácil victoria,
      que no le da gloria[45],

---

[45] *...la fácil victoria, que no le da gloria:* Crítica audaz en una época en la que las campañas para «pacificar» a los indios daban honores y prebendas a sus jefes. Cfr. nota 27. La crueldad con que se presenta al «civilizado» en los versos siguientes y la admiración por la destreza y coraje indígenas (vs. 68-69) hacen pensar que el autor se deja ganar emocionalmente por la «barbarie» que intelectualmente condena.

prosigue el cristiano lleno de rencor.
Caen luego caciques, soberbios caudillos:
      los fieros cuchillos   75
degüellan, degüellan, sin sentir horror.

Los ayes, los gritos, clamor del que llora,
      gemir del que implora,
puesto de rodillas, en vano piedad,
todo se confunde: del plomo el silbido,   80
      del hierro el crujido,
que ciego no acata ni sexo, ni edad.

      Horrible, horrible matanza
      hizo el cristiano aquel día;
      ni hembra, ni varón, ni cría   85
      de aquella tribu quedó.
      La inexorable venganza
      siguió el paso a la perfidia,
      y en no cara y breve lidia
      su cerviz al hierro dio.   90

      Viose la yerba teñida
      de sangre, hediondo y sembrado
      de cadáveres el prado
      donde resonó el festín.
      Y del sueño de la vida   95
      al de la muerte pasaron
      los que poco antes se holgaron,
      sin temer aciago fin.

      Las cautivas derramaban
      lágrimas de regocijo;   100
      una al esposo, otra al hijo
      debió allí la libertad;
      pero ellos tristes estaban,
      porque ni vivo ni muerto
      halló a Brian en el desierto,   105
      su valor y su lealtad.

Parte quinta

---

[46] *Divina Comedia,* canto 8.º del «Infierno».

V

El pajonal

Así, huyendo a la ventura,
ambos a pie divagaron
por la lóbrega llanura,
y al salir la luz del día,
a corto trecho se hallaron   5
de un inmenso pajonal*.
Brian debilitado, herido,
a la fatiga rendido
la planta apenas movía;
su angustia era sin igual.   10
Pero un ángel, su querida,
siempre a su lado velaba,
y el espíritu y la vida,
que su alma heroica anidaba,
la infundía, al parecer,   15
con miradas cariñosas,
voces del alma profundas,
que debieran ser eternas,
y aquellas palabras tiernas,
o armonías misteriosas   20

---

* *pajonal:* Paraje anegado, en donde crece la paja enmarañada y alta. Los hay muy extensos, y algunos, a la distancia, aparecen en la planicie como bosques. Son los oasis de la pampa. *(N. del A.)*

que sólo manan fecundas
del labio de la mujer.

Temerosos del salvaje,
acogiéronse al abrigo
de aquel pajonal amigo,   25
para de nuevo su viaje
por la noche continuar;
descansar allí un momento,
y refrigerio y sustento
a la flaqueza buscar.   30

Era el adusto verano.
Ardiente el sol como fragua,
en cenagoso pantano
convertido había el agua
allí estancada, y los peces,   35
los animales inmundos
que aquel bañado habitaban
muertos, al aire infectaban,
o entre las impuras heces
aparecían a veces   40
boqueando moribundos,
como del cielo implorando
agua y aire: aquí se vía
al voraz cuervo, tragando
lo más asqueroso y vil;   45
allí la blanca cigüeña,
el pescuezo corvo alzando,
en su largo pico enseña
el tronco de algún reptil;
más allá se ve el carancho[47],   50
que jamás presa desdeña,
con pico en forma de gancho
de la expirante alimaña
sajar la fétida entraña.

---

[47] *carancho:* cfr. *N. del A.,* pág. 140.

Y en aquel páramo yerto,   55
donde a buscar como a puerto
refrigerio, van errantes
Brian y María anhelantes,
sólo divisan sus ojos,
feos, inmundos despojos   60
de la muerte[48]. ¡Qué destino
como el suyo miserable!
Si en aquel instante vino
la memoria perdurable
de la pasada ventura   65
a turbar su fantasía
¡cuán amarga les sería!
¡cuán triste, yerma y obscura!

Pero con pecho animoso
en el lodo pegajoso   70
penetraron, ya cayendo,
ya levantando o subiendo
el pie flaco y dolorido;
y sobre un flotante nido
de yajá (columna bella,   75
que entre la paja descuella,
como edificio construido
por mano hábil) se sentaron
a descansar o morir.
Súbito allí desmayaron   80
los espíritus vitales
de Brian a tanto sufrir;
y en los brazos de María,
que inmoble permanecía,
cayó muerto al parecer.   85
¡Cómo palabras mortales
pintar al vivo podrán
el desaliento y angustias,

---

[48] *Era el adusto verano ... inmundos despojos de la muerte:* Versificación de una
prosa temprana de Echeverría, recogida en *Cartas a un amigo* (t. V, págs. 39-41).
Ver prólogo pág. 62.

o las imágenes mustias
que el alma atravesarán   90
de aquella infeliz mujer!
Flor hermosa y delicada,
perseguida y conculcada
por cuantos males tiranos
dio en herencia a los humanos   95
inexorable poder.

Pero a cada golpe injusto
retoñece más robusto
de su noble alma el valor;
y otra vez, con paso fuerte,   100
holla el fango, do la muerte
disputa un resto de vida
a indefensos animales;
y rompiendo enfurecida
los espesos matorrales,   105
camina a un sordo rumor
que oye próximo, y mirando
el hondo cauce anchuroso
de un arroyo que copioso
entre la paja corría,   110
se volvió atrás, exclamando
arrobada de alegría:
—¡Gracias te doy, Dios Supremo!
Brian se salva, nada temo.

Pronto llega al alto nido   115
donde yace su querido,
sobre sus hombros le carga,
y con vigor desmedido
lleva, lleva, a paso lento,
al puerto de salvamento   120
aquella preciosa carga.

Allí en la orilla verdosa
el inmoble cuerpo posa,
y los labios, frente y cara

en el agua fresca y clara   125
le embebe; su aliento aspira,
por ver si vivo respira,
trémula su pecho toca;
y otra vez sienes y boca
le empapa. En sus ojos vivos   130
y en su semblante animado,
los matices fugitivos
de la apasionada guerra
que su corazón encierra,
se muestran. Brian recobrado   135
se mueve, incorpora, alienta;
y débil mirada lenta
clava en la hermosa María,
diciéndola[49]: —Amada mía,
pensé no volver a verte,   140
y que este sueño sería
como el sueño de la muerte;
pero tú, siempre velando,
mi vivir sustentas, cuando
yo en nada puedo valerte,   145
sino doblar la amargura
de tu extraña desventura.
—Que vivas tan sólo quiero,
porque si mueres, yo muero;
Brian mío, alienta, triunfamos,   150
en salvo y libres estamos.
No te aflijas; bebe, bebe
esta agua, cuyo frescor
el extenuado vigor
volverá a tu cuerpo en breve,   155
y esperemos con valor
de Dios el fin que imploramos.—

Dijo así, y en la corriente
recoge agua, y diligente,

---

[49] *diciéndola:* rasgo de laísmo, frecuente en el poema y presente en las obras literarias de la época, que hoy ha desaparecido en el Río de la Plata.

de sus miembros con esmero,   160
se aplica a lavar primero
las dolorosas heridas,
las hondas llagas henchidas
de negra sangre cuajada,
y a sus inflamados pies   165
el lodo impuro; y despúes
con su mano delicada
las venda. Brian silencioso
sufre el dolor con firmeza;
pero siente a la flaqueza   170
rendido el pecho animoso.

Ella entonces alimento
corre a buscar; y un momento,
sin duda el cielo piadoso,
de aquellos finos amantes,   175
infortunados y errantes,
quiso aliviar el tormento.

Parte sexta

¡Qué largas son las horas del deseo!
Moreto[50]

---

[50] Agustín Moreto y Cavana (1618-1669), dramaturgo español destacado por sus comedias de costumbre: *El desdén con el desdén, El lindo don Diego, El valiente justiciero*, etc. De este autor toma también Echeverría el epígrafe para las *Rimas:* «¿Pues toda la poesía, qué es sino filosofía?», que responde a la obsesión romántica sobre la poesía de pensamiento.

VI

La espera

Triste, obscura, encapotada
llegó la noche esperada,
la noche que ser debiera
su grata y fiel compañera;
y en el vasto pajonal   5
permanecen inactivos
los amantes fugitivos.
Su astro, al parecer, declina,
como la luz vespertina
entre sombra funeral.   10

Brian, por el dolor vencido
al margen yace tendido
del arroyo; probó en vano
el paso firme y lozano
de su querida seguir;   15
sus plantas desfallecieron,
y sus heridas vertieron
sangre otra vez. Sintió entonces
como una mano de bronce
por sus miembros discurrir.   20

María espera, a su lado,
con corazón agitado,

que amanecerá otra aurora
más bella y consoladora;
el amor la inspira fe   25
en destino más propicio,
y la oculta el precipicio[51]
cuya idea sólo pasma:
el descarnado fantasma
de la realidad no ve.   30

Pasión vivaz la domina,
ciega pasión la fascina;
mostrando a su alma el trofeo
de su impetuoso deseo
la dice: tú triunfarás.   35
Ella infunde a su flaqueza
constancia allí y fortaleza;
Ella su hambre, su fatiga,
y sus angustias mitiga
para devorarla más.   40

Sin el amor que en sí entraña,
¿qué sería? Frágil caña,
que el más leve impulso quiebra,
ser delicado, fina hebra,
sensible y flaca mujer[52].   45
Con él es ente divino
que pone a raya el destino,
ángel poderoso y tierno
a quien no haría el infierno
vacilar y estremecer.   50

De su querido no advierte
el mortal abatimiento,
ni cree se atreva la muerte
a sofocar el aliento

---

[51] ...*la inspira fe ... la oculta el precipicio:* abundantes ejemplos de laísmo. Confróntese nota 49.

[52] *flaco:* en el orden moral, espíritu débil, falto de entereza.

que hace vivir a los dos;   55
porque de su llama intensa
es la vida tan inmensa,
que a la muerte vencería,
y en sí eficacia tendría
para animar como Dios.   60

El amor es fe inspirada,
es religión arraigada
en lo íntimo de la vida.
Fuente inagotable, henchida
de esperanza, su anhelar   65
no halla obstáculo invencible
hasta conseguir victoria;
si se estrella en lo imposible
gozoso vuela a la gloria
su heroica palma a buscar[53].   70

María no desespera,
porque su ahínco procura
para lo que ama, ventura;
y al infortunio supera
su imperiosa voluntad.   75
Mañana —el grito constante
de su corazón amante
la dice—, mañana el cielo
hará cesar tu desvelo,
la nueva luz esperad.   80

La noche cubierta, en tanto,
camina en densa tiniebla,
y en el abismo de espanto,
que aquellos páramos puebla,
ambos perdidos se ven.   85
Parda, rojiza, radiosa,

---

[53] *El amor es fe ... su heroica palma a buscar:* Definición del amor hiperbólico del
romanticismo que trasciende a los amantes reales.

una faja luminosa
forma horizonte no lejos;
sus amarillos reflejos
en lo obscuro hacen vaivén.   90

La llanura arder parece,
y que con el viento crece,
se encrespa, aviva y derrama
el resplandor y la llama
en el mar de lobreguez.   95
Aquel fuego colorado,
en tinieblas engolfado,
cuyo esplendor vaga horrendo,
era trasunto estupendo
de la inferna terriblez.   100

Brian, recostado en la yerba,
como ajeno de sentido,
nada ve: ella un rüido
oye; pero sólo observa
la negra desolación,   105
o las sombrías visiones
que engendran las turbaciones
de su espíritu. ¡Cuán larga
aquella noche y amarga
sería a su corazón!   110

Miró a su amante; espantoso,
un bramido cavernoso
la hizo temblar, resonando:
era el tigre, que buscando
pasto a su saña feroz   115
en los densos matorrales,
nuevos presagios fatales
al infortunio traía.
En silencio, echó María
mano a su puñal, veloz.   120

Parte séptima

Voyez.. Déjà la flamme en torrent se déploie.
LAMARTINE[54]

Mirad: ya en torrente se extiende la llama.

---

[54] La influencia de Alphonse de Lamartine (1790-1869) sobre los románticos americanos fue grande; en el caso de Echeverría, tiene dos vertientes: por una parte, la de su obra, de la que el argentino incluyó traducciones textuales de algunos versos (según lo estudia García Mérou); por otra parte, la de su figura pública, como escritor comprometido con la política de su medio.

Parte séptima

VII

La quemazón

El aire estaba inflamado,
turbia la región suprema,
envuelto el campo en vapor;
rojo el sol, y coronado
de parda obscura diadema,   5
amarillo resplandor
en la atmósfera esparcía;
el bruto, el pájaro huía,
y agua la tierra pedía
sedienta y llena de ardor.   10

Soplando a veces el viento
limpiaba los horizontes,
y de la tierra brotar
de humo rojo y ceniciento
se veían como montes;   15
y en la llanura ondear,
formando espiras doradas,
como lenguas inflamadas,
o melenas encrespadas
de ardiente, agitado mar.   20

Cruzándose nubes densas,
por la esfera dilataban,
como cuando hay tempestad,

sus negras alas inmensas;
y más, y más aumentaban   25
el pavor y obscuridad.
El cielo entenebrecido,
el aire, el humo encendido,
eran, con el sordo ruido,
signo de calamidad.   30

El pueblo de lejos
contempla asombrado
los turbios reflejos;
del día enlutado
la ceñuda faz.   35
El humilde llora,
el piadoso implora;
se turba y azora
la malicia audaz.

Quién cree ser indicio   40
fatal, estupendo,
del día del juicio,
del día tremendo
que anunciado está.
Quién piensa que al mundo,   45
sumido en lo inmundo,
el cielo iracundo
pone a prueba ya.

Era la plaga que cría
la devorante sequía   50
para estrago y confusión:
de la chispa de una hoguera,
que llevó el viento ligera,
nació grande, cundió fiera
la terrible quemazón.   55

Ardiendo, sus ojos
relucen, chispean;
en rubios manojos

sus crines ondean,
flameando también: 60
la tierra gimiendo,
los brutos rugiendo,
los hombres huyendo,
confusos la ven.

Sutil se difunde,   65
camina, se mueve,
penetra, se infunde;
cuanto toca, en breve
reduce a tizón.
Ella era; y pastales,   70
densos pajonales,
cardos y animales,
ceniza, humo son.

Raudal vomitando
venía de llama,   75
que hirviendo, silbando,
se enrosca y derrama
con velocidad.
Sentada María
con su Brian la vía: 80
—¡Dios mío! —decía—,
de nos ten piedad.—

Piedad María imploraba,
y piedad necesitaba
de potencia celestial.   85
Brian caminar no podía,
y la quemazón cundía
por el vasto pajonal.

Allí pábulo[55] encontrando,
como culebra serpeando,   90

---

[55] *pábulo*: A partir de la acepción de «alimento», es usado, en sentido figurado, por combustible.

velozmente caminó;
y agitando, desbocada,
su crin de fuego erizada,
gigante cuerpo tomó.

Lodo, paja, restos viles   95
de animales y reptiles
quema el fuego vencedor,
que el viento iracundo atiza;
vuelan el humo y ceniza,
y el inflamado vapor,   100

al lugar donde, pasmados,
los cautivos[56] desdichados,
con despavoridos ojos,
están, su hervidero oyendo,
y las llamaradas viendo   105
subir en penachos rojos.

No hay cómo huir, no hay efugio,
esperanza ni refugio;
¿dónde auxilio encontrarán?
Postrado Brian yace inmoble   110
como el orgulloso roble[57]
que derribó el huracán.

Para ellos no existe el mundo.
Detrás, arroyo profundo
ancho se extiende, y delante,   115
formidable y horroroso,
alza la cresta furioso
mar de fuego devorante.

---

[56] *los cautivos:* el autor mantiene el nombre de cautivos porque primero lo fueron de los indios y ahora de la naturaleza, presos entre *arroyo profundo* y *mar de fuego.*

[57] *roble:* símbolo romántico de la fortaleza. Recuérdese el famoso poema de Lamartine «Le chêne».

—Huye presto —Brian decía
con voz débil a María—,   120
déjame solo morir;
este lugar es un horno:
huye, ¿no miras en torno
vapor cárdeno subir?—

Ella calla, o le responde: 125
—Dios, largo tiempo, no esconde
su divina protección.
¿Crees tú nos haya olvidado?
Salvar tu vida ha jurado
o morir mi corazón.—   130

Pero del cielo era juicio
que en tan horrendo suplicio
no debían perecer;
y que otra vez de la muerte
inexorable, amor fuerte   135
triunfase, amor de mujer.

Súbito ella se incorpora;
de la pasión que atesora
el espíritu inmortal
brota, en su faz la belleza   140
estampando y fortaleza
de criatura celestial,

no sujeta a ley humana;
y como cosa liviana
carga el cuerpo amortecido   145
de su amante, y con él junto,
sin cejar, se arroja al punto
en el arroyo extendido.

Cruje el agua, y suavemente
surca la mansa corriente   150
con el tesoro de amor;

semejante a Ondina* bella,
su cuerpo airoso descuella,
y hace, nadando, rumor.

Los cabellos atezados[58],   155
sobre sus hombros nevados,
sueltos, reluciendo van;
boga con un brazo lenta,
y con el otro sustenta,
a flor, el cuerpo de Brian.   160

Aran la corriente unidos
como dos cisnes queridos,
que huyen de águila crüel[59],
cuya garra, siempre lista,
desde la nube se alista   165
a separar su amor fiel.

La suerte injusta se afana
en perseguirlos. Ufana
en la orilla opuesta el pie
pone María triunfante,   170
y otra vez libre a su amante
de horrenda agonía ve.

¡Oh del amor maravilla!
En sus bellos ojos brota
del corazón, gota a gota,   175
el tesoro sin mancilla,
celeste, inefable unción;
sale en lágrimas deshecho
su heroico amor satisfecho.

---

* *Ondina:* Deidad fantástica de las aguas. *(N. del A.)*

[58] *atezado:* de color negro.

[59] El bestiario simbólico es usado con toda ortodoxia en el poema: los *cisnes* representan al amor, amenazado por el *águila,* que encarna al destino adverso. Años más tarde la revolución poética simbolista hará, con Baudelaire, que esos cisnes egregios del amor y la poesía chapoteen en el barro de los suburbios urbanos, abriendo el camino de la estética contemporánea.

Y su formidable cresta   180
sacude, enrosca y enhiesta
la terrible quemazón.

Calmó después el violento
soplar del airado viento:
el fuego a paso más lento   185
surcó por el pajonal,
sin topar ningún escollo;
y a la orilla de un arroyo
a morir al cabo vino,
dejando, en su ancho camino,   190
negra y profunda señal.

Parte octava

Les guerriers et les coursiers eux mêmes
sont là pour attester les victoires de mon bras.
Je dois ma renomée à mon glaive...

ANTAR*

Los guerreros y aun los bridones de la batalla
existen para atestiguar las victorias de mi brazo.
Debo mi renombre a mi espada.

---

* *Antar:* Célebre poeta árabe, de quien M. de Lamartine cita algunos fragmentos en su viaje a Oriente: de ellos se ha tomado el tema que encabeza este canto. *(N. del A.)*

VIII

Brian

Pasó aquél, llegó otro día
triste, ardiente, y todavía
desamparados como antes,
a los míseros amantes
encontró en el pajonal.   5
Brian, sobre pajizo lecho
inmoble está, y en su pecho
arde fuego inextinguible;
brota en su rostro, visible
abatimiento mortal.   10

Abrumados y rendidos
sus ojos, como adormidos,
la luz esquivan, o absortos,
en los pálidos abortos
de la conciencia (legión   15
que atribula al moribundo)
verán formas de otro mundo,
imágenes fugitivas,
o las claridades vivas
de fantástica región.   20

Triste a su lado María
revuelve en la fantasía

mil contrarios pensamientos,
y horribles presentimientos
la vienen allí a asaltar;   25
espectros que engendra el alma,
cuando el ciego desvarío
de las pasiones se calma,
y perdida en el vacío
se recoge a meditar.   30

Allí, frágil navecilla
en mar sin fondo ni orilla,
do nunca ríe bonanza,
se encuentra sin esperanza
de poder al fin surgir.   35
Allí ve su afán perdido
por salvar a su querido;
y cuán lejano y nubloso
el horizonte radioso
está de su porvenir,   40

cuán largo, incierto camino
la desdicha le previno,
cuán triste peregrinaje;
allí ve de aquel paraje
la yerta inmovilidad.   45
Allí ya del desaliento
sufre el pausado tormento,
y abrumada de tristeza,
al cabo a sentir empieza
su abandono y soledad.   50

Echa la vista delante,
y al aspecto de su amante
desfallece su heroísmo;
la vuelve, y hórrido abismo
mira atónita detrás.   55
Allí apura la agonía
del que vio cuando dormía

paraiso de dicha eterno[60],
y al despertar, un infierno
que no imaginó jamás.   60

En el empíreo nublado
flamea el sol colorado,
y en la llanura domina
la vaporosa calina[61],
el bochorno abrasador.   65
Brian sigue inmoble; y María,
en formar se entretenía
de junco un denso tejido,
que guardase a su querido
de la intemperie y calor.   70

Cuando oyó, como el aliento
que al levantarse o moverse
hace animal corpulento,
crujir la paja y romperse
de un cercano matorral.   75
Miró, ¡oh terror!, y acercarse
vio con movimiento tardo,
y hacia ella encaminarse,
lamiéndose, un tigre pardo
tinto en sangre; atroz señal.   80

Cobrando ánimo al instante
se alzó María arrogante,
en mano el puñal desnudo,
vivo el mirar, y un escudo
formó de su cuerpo a Brian.   85
Llegó la fiera inclemente;
clavó en ella vista ardiente,
y a compasión ya movida,

---

[60] *paraiso de dicha eterno:* la métrica exige sinéresis en «paraiso». Recurso al
que se acude con demasiada frecuencia.
[61] *calina:* vapor espeso que oscurece la atmósfera, causado por el intenso
calor.

o fascinada y herida
por sus ojos y ademán,   90

recta prosiguió el camino,
y al arroyo cristalino
se echó a nadar. ¡Oh amor tierno!
de lo más frágil y eterno
se compaginó tu ser.   95
Siendo sólo afecto humano,
chispa fugaz, tu grandeza,
por impenetrable arcano,
es celestial. ¡Oh belleza!
no se anida tu poder,   100

en tus lágrimas ni enojos;
sí, en los sinceros arrojos
de tu corazón amante.
María en aquel instante
se sobrepuso al terror,   105
pero cayó sin sentido
a conmoción tan violenta.
Bella como ángel dormido
la infeliz estaba, exenta
de tanto afán y dolor.   110

Entonces, ¡ah!, parecía
que marchitado no había
la aridez de la congoja,
que a lo más bello despoja,
su frescura juvenil.   115
¡Venturosa si más largo
hubiera sido su sueño!
Brian despierta del letargo:
brilla matiz más risueño
en su rostro varonil.   120

Se sienta; extático mira,
como el que en vela delira;
lleva la mano a su frente

sudorífera y ardiente,
¿qué cosas su alma verá?   125
La luz, noche le parece,
tierra y cielo se obscurece,
y rueda en un torbellino
de nubes. —Este camino
lleno de espinas está: 130

Y la llanura, María,
¿no ves cuán triste y sombría?
¿Dónde vamos? A la muerte.
Triunfó la enemiga suerte
—dice delirando Brian—.   135
¡Cuán caro mi amor te cuesta!
Y mi confianza funesta,
¡cuánta fatiga y ultrajes!
Pero pronto los salvajes
su deslealtad pagarán.   140

Cobra María el sentido
al oír de su querido
la voz, y en gozo nadando
se incorpora, en él clavando
su cariñosa mirada.   145
—Pensé dormías —la dice—,
y despertarte no quise;
fuera mejor que durmieras
y del bárbaro no oyeras
la estrepitosa llegada.   150

—¿Sabes? Sus manos lavaron,
con infernal regocijo,
en la sangre de mi hijo;
mis valientes degollaron.
Como el huracán pasó,   155
desolación vomitando,
su vigilante perfidia.
Obra es del inicuo bando,

¡qué dirá la torpe envidia!
Ya mi gloria se eclipsó.   160

De paz con ellos estaba,
y en la villa descansaba.
Oye; no te fíes, vela;
lanza, caballo y espuela
siempre lista has de tener.   165
Mira dónde me han traído.
Atado estoy y ceñido;
no me es dado levantarme,
ni valerte, ni vengarme,
ni batallar, ni vencer.   170

Venga, venga mi caballo,
mi caballo por la vida[62];
venga mi lanza fornida,
que yo basto a ese tropel.
Rodeado de picas me hallo.   175
Paso, canalla traidora,
que mi lanza vengadora
castigo os dará crüel.

¿No miráis la polvareda
que del llano se levanta?   180
¿No sentís lejos la planta
de los brutos retumbar?
La tribu es, huyendo leda[63],
como carnicero lobo,
con los despojos del robo,   185
no de intrépido lidiar.

Mirad ardiendo la villa,
y degollados, dormidos,

---

[62] *Venga, venga mi caballo, mi caballo por la vida:* recuerda los famosos versos de Shakespeare en *Ricardo III:* «A horse ¡A horse! My Kingdom for a horse!», como bien lo señala Carlos Pellegrini.

[63] *ledo:* «alegre, contento, plácido» *(DRAE)*. Su carácter de palabra poética colabora con el lirismo elevado del poema.

nuestros hermanos queridos
por la mano del infiel.   190
¡Oh mengua! ¡Oh rabia! ¡Oh mancilla!
Venga mi lanza ligero,
mi caballo parejero[64],
daré alcance a ese tropel.

Se alzó Brian enajenado,   195
y su bigote erizado
se mueve; chispean, rojos
como centellas, sus ojos,
que hace el entusiasmo arder;
el rostro y talante fiero,   200
do resalta con viveza
el valor y la nobleza,
la majestad del guerrero
acostumbrado a vencer.

Pero al punto desfallece.   205
Ella, atónita, enmudece,
ni halla voz su sentimiento;
en tan solemne momento
flaquea su corazón.
El sol pálido declina[65]:   210
en la cercana colina
triscan las gamas y ciervos,
y de caranchos y cuervos
grazna la impura legión,

de cadáveres avara,   215
cual si muerte presagiara.
Así la caterva estulta,
vil al heroísmo insulta,

---

[64] *caballo parejero:* por «caballo de carrera» (en América meridional), según lo
aclara el propio autor en las «Notas» finales de las *Rimas,* en las que explica qué
usa la expresión para «colorir» su cuadro.

[65] *flaquea su corazón. El sol pálido declina:* Correspondencia romántica entre paisaje y estado de ánimo del personaje. El declinar del día subraya, metafórica-
mente, el desfallecimiento moral de la heroína.

que triunfante veneró.
María tiembla. Él, alzando   220
la vista al cielo y tomando
con sus manos casi heladas
las de su amiga, adoradas,
a su pecho las llevó.

Y con voz débil la dice: 225
—Oye, de Dios es arcano,
que más tarde o más temprano
todos debemos morir.
Insensato el que maldice
la ley que a todos iguala;   230
hoy el término señala
a mi robusto vivir.

Resígnate; bien venida
siempre, mi amor, fue la muerte,
para el bravo, para el fuerte,   235
que a la patria y al honor
joven consagró su vida;
¿qué es ella?, una chispa, nada,
con ese sol comparada,
raudal vivo de esplendor.   240

La mía brilló un momento,
pero a la patria sirviera;
también mi sangre corriera
por su gloria y libertad.
Lo que me da sentimiento   245
es que de ti me separo,
dejándote sin amparo
aquí en esta soledad[66].

---

[66] *Lo que me da sentimiento ... soledad:* paradójica reflexión de un amante que no
fue sino carga y obstáculo para la mujer que, pretendidamente, deja desampara-
da. Hay una curiosa divergencia entre el discurso que Echeverría impone a sus
personajes, fiel a las convenciones, y la acción desplegada por esos mismos personajes, menos encasillada en modelos y más original. Esa acción caracteriza al

Otro premio merecía
tu amor y espíritu brioso,
y galardón más precioso   250
te destinaba mi fe.
Pero ¡ay Dios! la suerte mía
de otro modo se eslabona;
hoy me arranca la corona   255
que insensato ambicioné.

¡Si al menos la azul bandera[67]
sombra a mi cabeza diese!
¡O antes por la patria fuese
aclamado vencedor!   260
¡Oh destino! Quién pudiera
morir en la lid, oyendo
el alarido y estruendo,
la trompeta y atambor.

Tal gloria no he conseguido.   265
Mis enemigos triunfaron;
pero mi orgullo no ajaron
los favores del poder[68].
¡Qué importa! Mi brazo ha sido
terror del salvaje fiero: 270
los Andes vieron mi acero
con honor resplandecer.

¡Oh estrépito de las armas!
¡Oh embriaguez de la victoria!
¡Oh campos, soñada gloria!   275

---

personaje femenino como fuerte y vigoroso, rasgos poco frecuentes en las he-
roínas románticas y uno de los aciertos del poema.

[67] *la azul bandera:* se refiere a la bandera azul y blanca, insignia nacional argentina desde las gestas de la independencia que, en la época de redacción del
poema, ya había sido adoptada por el partido unitario, en oposición a la roja, de
los federales.

[68] Da la impresión de que, en este discurso de despedida, el autor desplaza al
personaje para hacer su propio balance de vida en un momento crucial de su
trayectoria; no alcanzó la gloria que ambicionaba, pero está orgulloso de su rec-
titud política que lo alejó de *los favores del poder*.

¡Oh lances del combatir!
Inesperadas alarmas,
patria, honor, objetos caros,
ya no volveré a gozaros;
joven yo debo morir.   280

Hoy es el aniversario
de mi primera batalla,
y en torno a mí todo calla...
Guarda en tu pecho mi amor,
nadie llegue a su santuario...   285
Aves de presa parecen,
ya mis ojos se oscurecen;
pero allí baja un condor[69];

y huye el enjambre insolente,
adiós, en vano te aflijo...   290
Vive, vive para tu hijo[70],
Dios te impone ese deber.
Sigue, sigue al occidente
tu trabajosa jornada;
adiós, en otra morada   295
nos volveremos a ver.

Calló Brian, y en su querida
clavó mirada tan bella,
tan profunda y dolorida,
que toda el alma por ella   300
al parecer exhaló.
El crepúsculo esparcía
en el desierto luz mustia.
Del corazón de María,
el desaliento y angustia,   305
sólo el cielo penetró.

---

[69] *condor:* se fuerza el acento de la palabra «cóndor» para que rime con *amor.*
[70] Cfr. nota 35.

Parte novena

Fallece esperanza y crece tormento
ANÓNIMO

Morte bella parea nel suo bel viso[71]
PETRARCA

La muerte parecía bella en su rostro bello.

---

[71] del *Trionfo della morte*, I, de los *Trionfi* de Petrarca (1304-1373). La exaltación del amor, el sufrimiento del amante por el amor perdido, la recuperación de ese amor en la poesía, exento ya de cualquier riesgo de pérdida, son temas del *Canzoniere* que incorpora la poesía romántica en general, y Echeverría en este canto final.

IX

María

¿Qué hará María? En la tierra
ya no se arraiga su vida.
¿Dónde irá? Su pecho encierra
tan honda y vivaz herida,
tanta congoja y pasión,   5
que para ella es infecundo
todo consuelo del mundo,
burla horrible su contento,
su compasión un tormento,
su sonrisa una irrisión.   10

¿Qué le importan sus placeres,
su bullicio y vana gloria,
si ella, entre todos los seres,
como desechada escoria,
lejos, olvidada está?   15
¿En qué corazón humano,
en qué límite del orbe,
el tesoro soberano,
que sus potencias absorbe,
ya perdido encontrará?   20

Nace del sol la luz pura,
y una fresca sepultura[72]
encuentra; lecho postrero,
que al cadáver del guerrero
preparó el más fino amor.   25
Sobre ella hincada, María,
muda como estatua fría,
inclinada la cabeza,
semejaba a la tristeza
embebida en su dolor.   30

Sus cabellos renegridos
caen por los hombros tendidos,
y sombrean de su frente,
su cuello y rostro inocente,
la nevada palidez.   35
No suspira allí, ni llora;
pero como ángel que implora,
para miserias del suelo
una mirada del cielo,
hace esta sencilla prez[73]:   40

—Ya en la tierra no existe
el poderoso brazo
donde hallaba regazo
mi enamorada sien:
Tú ¡oh Dios! no permitiste   45
que mi amor lo salvase,
quisiste que volase
donde florece el bien.

---

[72] *una fresca sepultura:* por reciente; adjetivación ingenua que, sin embargo, para el lector actual acostumbrado a los adjetivos audaces, cobra, por su candor, una nueva vigencia.

[73] *prez:* por imposición de la rima el autor usa la palabra *prez* con el sentido de «preces», que sólo tiene forma plural y que deriva del latín *prex-precis*, súplica. *Prez,* que deriva de *pretium* y significa honor, fama, voz pública, no tiene lugar en el contexto del poema.

Abre Señor a su alma
tu seno regalado,   50
del bienaventurado,
reciba el galardón;
encuentre allí la calma,
encuentre allí la dicha,
que busca en su desdicha,   55
mi viudo corazón.

Dice. Un punto su sentido
queda como sumergido.
Echa la postrer mirada
sobre la tumba callada[74]   60
donde toda su alma está;
mirada llena de vida,
pero lánguida, abatida,
como la última vislumbre
de la agonizante lumbre,   65
falta de alimento ya.

Y alza luego la rodilla;
y tomando por la orilla
del arroyo hacia el ocaso,
con indiferente paso   70
se encamina al parecer.
Pronto sale de aquel monte
de paja, y mira adelante
ilimitado horizonte,
llanura y cielo brillante,   75
desierto y campo doquier.

¡Oh noche! ¡Oh fúlgida estrella!
Luna solitaria y bella
sed benignas; el indicio
de vuestro influjo propicio   80
siquiera una vez mostrad.

---

[74] *la tumba callada:* cfr. nota 72.

Bochornos, cálidos vientos,
inconstantes elementos,
preñados de temporales,
apiadaos; fieras fatales   85
su desdicha respetad.

Y Tú ¡oh Dios! en cuyas manos
de los míseros humanos
está el oculto destino,
siquiera un rayo divino   90
haz a su esperanza ver.
Vacilar, de alma sencilla,
que resignada se humilla,
no hagas la fe acrisolada;
susténtala en su jornada,   95
no la dejes perecer.

Adiós pajonal funesto,
adiós pajonal amigo.
Se va ella sola ¡cuán presto
de su júbilo, testigo,   100
y su luto fuiste vos!⁷⁵
El sol y la llama impía
marchitaron tu ufanía;
pero hoy tumba de un soldado
eres, y asilo sagrado: 105
pajonal glorioso, adiós.

Gózate; ya no se anidan
en ti las aves parleras,
ni tu agua y sombra convidan
sólo a los brutos y fieras: 110
soberbio debes estar.
El valor y la hermosura,

---

⁷⁵ *vos*: interesante rasgo de voseo que, aunque exigido por la rima (el verso 105 mantiene *eres*, forma verbal que concuerda con «tú», en vez de «sos»), supone un caso poco común en la lengua literaria, y más aún en la lengua poética, del momento. Cfr. nota 32 de *El matadero*.

ligados por la ternura,
en ti hallaron refrigerio;
de su infortunio el misterio   115
tú sólo puedes contar.

Gózate; votos, ni ardores
de felices amadores
tu esquividad no turbaron,
sino voces que confiaron   120
a tu silencio su mal[76].
En la noche tenebrosa,
con los ásperos graznidos
de la legión ominosa,
oirás ayes y gemidos: 125
adiós triste pajonal.

De ti María se aleja,
y en tus soledades deja
toda su alma; agradecido,
el depósito querido   130
guarda y conserva; quizá
mano generosa y pía
venga a pedírtelo un día;
quizá la viva palabra
un monumento le labra   135
que el tiempo respetará[77].

Día y noche ella camina;
y la estrella matutina,
caminando solitaria,
sin articular plegaria,   140
sin descansar ni dormir,
la ve. En su planta desnuda

---

[76] *voces que confiaron a tu silencio su mal:* la naturaleza cumple con su papel de confidente asignado por el romanticismo.

[77] *quizá la viva palabra ... respetará:* Alusión al poema dentro del propio poema; remite al problema de la trascendencia del tiempo por el arte, y alude, lateralmente, al afán de fama del poeta.

brota la sangre y chorrea;
pero toda ella, sin duda,
va absorta en la única idea   145
que alimenta su vivir.

En ella encuentra sustento.
Su garganta es viva fragua,
un volcán su pensamiento,
pero mar de hielo y agua   150
refrigerio inútil es
para el incendio que abriga,
insensible a la fatiga,
a cuanto ve indiferente,
como mísera demente   155
mueve sus heridos pies,

por el Desierto. Adormida
está su orgánica vida;
pero la vida de su alma
fomenta en sí aquella calma   160
que sigue a la tempestad,
cuando el ánimo cansado
del afán violento y duro,
al parecer resignado,
se abisma en el fondo obscuro   165
de su propia soledad.

Tremebundo precipicio,
fiebre lenta y devorante,
último efugio, suplicio
del infierno, semejante   170
a la postrer convulsión
de la víctima en tormento:
trance que si dura un día
anonada el pensamiento,
encanece, o deja fría   175
la sangre en el corazón.

Dos soles pasan. ¿Adónde
tu poder ¡oh Dios! se asconde?[78].
¿Está, por ventura, exhausto?
¿Más dolor en holocausto   180
pide a una flaca mujer?[79].
No; de la quieta llanura
ya se remonta a la altura
gritando el yajá[80]. Camina,
oye la voz peregrina   185
que te viene a socorrer.

¡Oh ave de la Pampa hermosa,
cómo te meces ufana!
Reina, sí, reina orgullosa
eres, pero no tirana   190
como el águila fatal;
tuyo es también el espacio
el transparente palacio:
si ella en las rocas se anida,
tú en la esquivez escondida   195
de algún vasto pajonal.

De la víctima el gemido,
el huracán y el tronido
ella busca, y deleite halla
en los campos de batalla;   200
pero tú la tempestad,
día y noche vigilante,
anuncias al gaucho errante;
tu grito es de buen presagio
al que asechanza o naufragio   205
teme de la adversidad.

---

[78] *asconde:* forma anticuada de «esconde» (Dicc. de Aut.). La preferencia por
la versión anticuada de ciertas palabras o por sus formas no usuales *(tronido* por
trueno, *adormida* por adormecida, *inmoble* por inmóvil, etc.) da el lirismo sobre-
levado que busca la estética romántica y consigue el clima arcaizante, acorde
con la revalorización del pasado y de la tradición, que postulaba.

[79] *flaco:* por débil. Cfr. nota 52.

[80] *yajá:* cfr. *N. del A.,* pág. 127.

Oye sonar en la esfera
la voz del ave agorera,
oye María infelice[81];
alerta, alerta, te dice;   210
aquí está tu salvación.
¿No la ves cómo en el aire
balancea con donaire
su cuerpo albo-ceniciento?
¿No escuchas su ronco acento?   215
Corre a calmar tu aflicción.

Pero nada ella divisa,
ni el feliz reclamo escucha;
y caminando va a prisa:
el demonio con que lucha   220
la turba, impele y amaga.
Turbios, confusos y rojos
se presentan a sus ojos
cielo, espacio, sol, verdura,
quieta, insondable llanura   225
donde sin brújula vaga.

Mas ¡ah! que en vivos corceles
un grupo de hombres armados
se acerca. ¿Serán infieles,
enemigos? No, soldados   230
son del desdichado Brian.
Llegan, su vista se pasma;
ya no es la mujer hermosa,
sino pálido fantasma;
mas reconocen la esposa   235
de su fuerte capitán.

Créianla[82] cautiva o muerta;
grande fue su regocijo.

---

[81] *infelice*: paragoge, por infeliz.

[82] *créianla*: sinéresis forzada por la métrica; la acentuación fue marcada por el autor.

212

Ella los mira, y despierta:
—¿No sabéis qué es de mi hijo?[83]—   240
con toda el alma exclamó.
Tristes mirando a María
todos el labio sellaron,
mas luego una voz impía:
—Los indios lo degollaron—   245
roncamente articuló.

Y al oír tan crudo acento,
como quiebra el seco tallo
el menor soplo del viento
o como herida del rayo,   250
cayó la infeliz allí;
viéronla caer, turbados,
los animosos soldados;
una lágrima la dieron,
y funerales la hicieron   255
dignos de contarse aquí.

Aquella trama formada
de la hebra más delicada,
cuyo espíritu robusto
lo más acerbo e injusto   260
de la adversidad probó,
un soplo débil deshizo:
Dios para amar, sin duda, hizo
un corazón tan sensible;
palpitar le fue imposible   265
cuando a quien amar no halló.

Murió María. ¡Oh voz fiera![84]
¡Cuál entraña te abortara!

---

[83] Cfr. nota 35.

[84] *voz fiera*: se responsabiliza a la *voz fiera*, a la *voz impía* (v. 245) y no a los hechos, de la muerte de María. Puede verse en esto reminiscencias de una antigua
tradición según la cual se mataba al mensajero portador de malas noticias; se
castigaba a «la voz» como responsable de los hechos.

Mover al tigre pudiera
su vista sola; y no hallara   270
en ti alguna compasión,
tanta miseria y conflito,
ni aquel su materno grito;
y como flecha saliste,
y en lo más profundo heriste   275
su anhelante corazón.

Embates y oscilaciones
de un mar de tribulaciones
ella arrostró; y la agonía
saboreó su fantasía;   280
y el punzante frenesí
de la esperanza insaciable
que en pos de un deseo vuela,
no alcanza el blanco inefable;
se irrita en vano y desvela,   285
vuelve a devorarse a sí.

Una a una, todas bellas,
sus ilusiones volaron,
y sus deseos con ellas;
sola y triste la dejaron   290
sufrir hasta enloquecer.
Quedaba a su desventura
un amor, una esperanza,
un astro en la noche obscura,
un destello de bonanza,   295
un corazón que querer,

una voz cuya armonía
adormecerla podría;
a su llorar un testigo,
a su miseria un abrigo,   300
a sus ojos qué mirar.
Quedaba a su amor desnudo
un hijo, un vástago tierno;
encontrarlo aquí no pudo,

y su alma al regazo eterno   305
lo fue volando a buscar.

Murió; por siempre cerrados
están sus ojos cansados
de errar por llanura y cielo,
de sufrir tanto desvelo,   310
de afanar sin conseguir.
El atractivo está yerto
de su mirar; ya el desierto,
su último asilo, los rastros
de tan hechiceros astros   315
no verá otra vez lucir.

Pero de ella aun hay vestigio.
¿No veis el raro prodigio?
Sobre su cándida frente
aparece nuevamente   320
un prestigio encantador.
Su boca y tersa mejilla
rosada, entre nieve brilla,
y revive en su semblante
la frescura rozagante   325
que marchitara el dolor.

La muerte bella la quiso,
y estampó en su rostro hermoso
aquel inefable hechizo,
inalterable reposo,   330
y sonrisa angelical,
que destellan las facciones
de una virgen en su lecho
cuando las tristes pasiones
no han ajado de su pecho   335
la pura flor virginal.

Entonces el que la viera,
dormida ¡oh Dios! la creyera;
deleitándose en el sueño

con memorias de su dueño, 340
llenas de felicidad,
soñando en la alba lucida[85]
del banquete de la vida
que sonríe a su amor puro;
más ¡ay! que en el seno obscuro 345
duerme de la eternidad.

---

[85] *lucida:* en vez de «lúcida». La rima exige el acento llano que, omitiendo la tilde, consigna el autor.

Epílogo

Douce lumière, es-tu leur âme?
LAMARTINE[86]

¿Eres, plácida luz, el alma de ellos?

---

[86] Cfr. nota 54. La cita de Lamartine alude al núcleo del epílogo: la historia ya está convertida en leyenda. Recuérdese la importancia de los mitos y leyendas populares en el romanticismo. En Latinoamérica esta característica significó además un intento de enraizar el movimiento en la realidad local, creando a la vez su tradición, sus propios antecedentes.

Epílogo

¡Oh María! Tu heroísmo,
tu varonil fortaleza,
tu juventud y belleza
merecieran fin mejor.
Ciegos de amor, el abismo   5
fatal tus ojos no vieron,
y sin vacilar se hundieron
en él ardiendo en amor.

De la más cruda agonía
salvar quisiste a tu amante,   10
y lo viste delirante
en el desierto morir.
¡Cuál tu congoja sería!
¡Cuál tu dolor y amargura!
Y no hubo humana criatura   15
que te ayudase a sentir.

Se malogró tu esperanza;
y cuando sola te viste
también mísera caíste
como árbol cuya raíz   20
en la tierra ya no afianza
su pompa y florido ornato.
Nada supo el mundo ingrato
de tu constancia infeliz.

Naciste humilde, y oculta,   25
como diamante en la mina,
la belleza peregrina

de tu noble alma quedó.
El Desierto la sepulta,
tumba sublime y grandiosa,   30
do el héroe también reposa
que la gozó y admiró.

El destino de tu vida
fue amar, amor tu delirio,
amor causó tu martirio,   35
te dio sobrehumano ser;
y amor, en edad florida,
sofocó la pasión tierna
que, omnipotencia de eterna,
trajo consigo al nacer[87].   40

Pero, no triunfa el olvido,
de amor, ¡oh bella María!
que la virgen poesía
corona te forma ya
de ciprés entretejido   45
con flores que nunca mueren;
y que admiren y veneren
tu nombre y su nombre hará[88].

Hoy, en la vasta llanura[89],
inhospitable morada,   50

[87] *El destino de tu vida ... al nacer:* exageración romántica del protagonismo del sentimiento amoroso. Cfr. nota 53.

[88] La estrofa responde a una antigua tradición poética retomada por el romanticismo: la trascendencia del amor y de los amantes por medio de la poesía. Concuerda además con la idea que de ésta tiene Echeverría, sobre la que opina: «es lo más sublime que hay en la esfera de la inteligencia humana (...) El universo entero es su dominio. Ella se ampara de lo más íntimo y noble que hay en el corazón humano, de lo más grande y elevado, (...) habla con las esencias divinas y llega hasta contemplar de frente el trono y las glorias de Jehová» (t. V, página 441).

[89] *Hoy, en la vasta llanura:* con este verso comienza el epílogo propiamente dicho. El adverbio de tiempo en posición inicial señala, subrayando, la laguna temporal que le da entrada y que aleja a un tiempo remoto, mítico, lo narrado en los nueve cantos anteriores.

que no siempre sosegada
mira el astro de la luz;
descollando en una altura,
entre agreste flor y yerba,
hoy el caminante observa   55
una solitaria cruz.

Fórmale grata techumbre
la copa extensa y tupida
de un ombú* donde se anida
la altiva águila real;   60
y la varia muchedumbre
de aves que cría el desierto,
se pone en ella a cubierto
del frío y sol estival.

Nadie sabe cúya mano   65
plantó aquel árbol benigno,
ni quién a su sombra, el signo
puso de la redención.
Cuando el cautivo cristiano
se acerca a aquellos lugares,   70
recordando sus hogares,
se postra a hacer oración.

Fama es que la tribu errante,
si hasta allí llega embebida
en la caza apetecida   75
de la gama y avestruz,
al ver del ombú gigante
la verdosa cabellera,
suelta al potro la carrera
gritando: —allí está la cruz.   80

-----

* *ombú.* Árbol corpulento, de espeso y vistoso follaje, que descuella solitario
en nuestras llanuras, como la palmera de los arenales de Arabia. Ni leña para el
hogar, ni fruto brinda al hombre; pero sí fresca y regalada sombra en los ardores del estío. *(N. del A.)*

Y revuelve atrás la vista
como quien huye aterrado,
creyendo, se alza el airado,
terrible espectro de Brian.
Pálido, el indio exorcista   85
el fatídico árbol nombra;
ni a hollar se atreven su sombra
los que de camino van.

También el vulgo asombrado
cuenta que en la noche obscura   90
suelen en aquella altura
dos *luces* aparecer[90];
que salen, y habiendo errado
por el desierto tranquilo,
juntas a su triste asilo   95
vuelven al amanecer.

Quizá mudos habitantes
serán del páramo aerio[91],
quizá espíritus, ¡misterio!,
visiones del alma son.   100
Quizá los sueños brillantes
de la inquieta fantasía,
forman coro en la armonía
de la invisible creación.

---

[90] *dos luces aparecer:* En el clima mítico del epílogo, los amantes, convertidos
en *luces misteriosas,* o en la «luz mala» de la tradición rural americana, pasan a ser
ellos los *espíritus foletos* de «El festín».

[91] *aerio:* vulgarismo, por aéreo.